ほんのりしあわせ。おうちパン

ぱん工房「くーぷ」のBakery Diary

門間みか

集英社

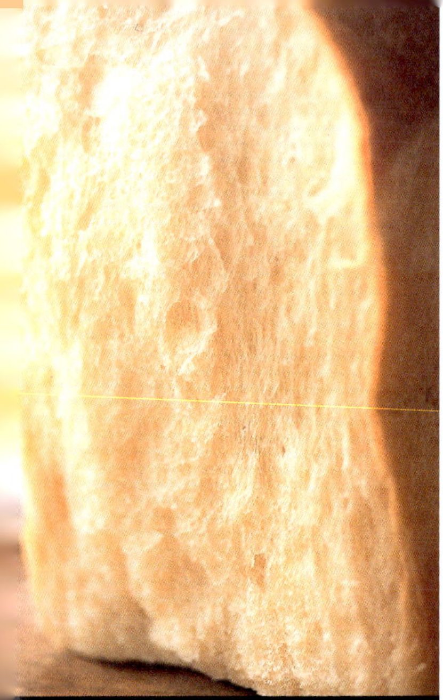

prologue

ぱん工房「くーぷ」という名で、小さなパン教室を始めてから、はや１１年の月日が流れました。その間、引っ越しで教室を閉じたり、活動の場をインターネット上の日記に移したりと、「くーぷ」の姿は移り変わりましたが、ただひとつ変わらない願いがあります。
それは、だれもが気軽に楽しくパンを焼いてほしいということ。
家庭で焼くパンは、どこかの有名パン屋さんや、外国の伝統的なレシピの再現でなくてもいいはずです。
例えるなら、ご飯を炊くように生地を作り、おむすびの具材のようにフィリングやトッピングを選ぶ。好きなときに好きなように、なにかのついでにパンでも作っちゃおうかな、そういうなにげないパン作りができるようになったら……。
ね、素敵だと思いませんか?
あれもこれもと、レシピのコレクターになる必要はありません。作って楽しく、食べておいしい。心から満足のできるいくつかのレシピさえあれば、それだけで家族の笑顔は約束されるような気がするのです。家族の団欒や、作る喜びのお手伝いをしたい。そのためのレシピを発信したい。
それがわたしの工房「くーぷ」の願いなのです。
この本は、共著を含めると4冊目のパンのレシピ本になりました。
もちろん今までどおり、リッチとリーン、２つの基本の生地をベースにしながらも、これまで「くーぷ」のレシピを作りこんでくださった多くの方々の要望にも応え、ちょっとだけ手のこんだレシピもちりばめています。また、食べ方の提案や、クラフトなども紹介しました。
作る、食べる、見せる、遊ぶ、贈る、パンとの付き合い方はさまざまです。パンのおもしろさ、懐の深さ、それへの興味がつきることがないことを、いまさらながら感じています。
……さあ、一緒に手作りパンを楽しみましょう。
ぱん工房「くーぷ」へようこそ!

パン作り基本用語解説

作り始める前にパン作りの流れと用語を把握しましょう。

計量 → **ミキシング** → **1次発酵** → **分割** → **成形** → **最終発酵** → **焼成**

ミキシング……材料を合わせるところからこねあげまでの作業。本書では手で行うが、ホームベーカリーや専用ミキサーを利用してもよい。ミキシングのきわめて初期は強くこねず、粉全体に水分を十分にゆきわたらせてからこね始める。
1次発酵……ミキシング後の生地をあたたかいところでねかせ、イーストの活動を促す時間のこと。ガスが発生し生地はふくらみ、旨味成分の生成など熟成もすすむ。
パンチ……1次発酵でふくらんだ生地のガスを抜き、丸めなおすこと。きめをととのえ、新しい酸素を供給し、生地温度の均一化などの効果がある。
分割……生地をレシピが指定する個数に切りわけること。生地を傷めないよう、ちぎったりせずカードで押し切る。
ベンチタイム……分割した生地を軽く丸め、かたく絞ったふきんをかけて休ませること。グルテン組織がゆるみ、少々のガスが発生するので成形しやすくなる。なお、ベンチタイムとパンチは必要に応じてするもので、しないレシピもある。
成形……レシピに応じて形作ること。
最終発酵……成形を終えた生地をあたたかいところにおき、ふくらませること。
焼成(しょうせい)……生地をオーブンに入れて加熱すること。あらかじめレシピの指定温度のプラス20℃であたためておき、生地を入れてから合わせなおす。

グルテン……粉にふくまれるたんぱく質に水を加えてこねることによって形成される、ねばりと弾力性のある網目状の組織のこと。イーストが出すガスを包みこみパンの骨格になる。
窯伸び……生地がオーブンの中でぐんとふくらむこと。
クラスト……パンの外側の焼き色のついた部分のこと。
クラム……パンの中身のこと。

*本書ではベーカーズパーセントと実際に作る分量の両方を記載しています。
配合表の読み方、活用例、ベーカーズパーセントはp16で紹介しました。

*「くーぷ」のレシピは“リッチ”と“リーン”の2つの基本生地がベースとなります。はじめて「くーぷ」のレシピをお試しになる方は、p18～21の基本生地から始めることをおすすめします。

*それぞれのパンの特徴をより引き出すために、粉は銘柄で記載しています。粉についてはp17で紹介しました。同じ銘柄が手に入らないときは、標準的な強力粉(カメリヤなど)でお作りください。国産小麦に置き換える場合は、水分量を5～10%ほど減らす必要があります。バターは無塩を使用します。

*型にはショートニングを塗ります。フッ素樹脂加工の場合は必要ありません。天板にはオーブンシートを敷きます。

*生地材料の計量は、デジタル秤を使用しています。
フィリング、トッピング材料は、計量スプーンや計量カップも利用しています。
レシピ内の大さじは15㎖、小さじは5㎖、1カップは200㎖です。

*電子レンジは600wのものを使用しています。機種によって加熱時間が異なる場合がありますので、様子をみながら加減してください。

*レシピの焼き時間と温度は、すべてガスオーブンのものです。電気オーブンの場合(機種によりますが)焼き時間が多めにかかることがあります。レシピの焼き時間と温度はあくまでも目安ですので、お手持ちのオーブンの最適な数字を見つけましょう。

contents

夢の食パン屋

〝食パン屋さん〟をしてみたいのです。ご飯のように飽きることのないパンをもくもくと焼き続けてみたいのです。

開店は午後3時ごろ。どうして午後3時かって？　それは、夕食の買い物のついでに、ちょっと寄ってほしいから。そして、前日の午後に焼きあがった食パンが、翌朝には、切りやすく、食べやすく、トーストにもサンドイッチにもぴったりだと思うから。

スチール棚には、のびのびとふくらんだ山食、しっとりまろやかな角食を並べて。日替わりで、かぼちゃ、胚芽の食パンも焼きましょう。天然酵母のざっくりしたのも焼きたいし、食パンじゃないけど、子どもが喜びそうなシンプルな丸パンはあってもいいかも。それから、粉やちょっとしたパン作りの道具、おすすめのコーヒーやはちみつもおきたいな……。

「いつもの焼けてる？」やってくるおなじみさんに、まだあたたかい食パンを紙袋に入れ、「ありがとう！」と笑顔で手渡していく、そうやってひとり、またひとり……。棚がからっぽになるのは6時ごろ、外は夕暮れ、食パン屋は閉店。型の手入れをして、明日の仕込みやお掃除をして、工房の鍵をカチャンとかければ、今日の仕事はおしまい。

1日3時間のひっそりとした営業。お店の場所もご近所さんしか知らない、小さな食パン屋さん。いつか開くことができるかな。そんな思いをこめて、今日はたくさんの食パンを焼いてみました。

くーぷトースト

くーぷトースト

砂糖や油脂を控え、粉はゴールデンヨット（最強力粉）を配合、
シンプルで軽い食感が持ち味です。トースト派に自信を持って
おすすめしたいレシピ。薄くスライスすれば、ぱりぱりさくさく。
ちょっと厚めなら、表面はさっくり、中はもっちりとした食感が楽しめます。
発酵、焼成で、かなり高さがでますから、オーブンに合う型を選びましょう。

きつね色のトーストにバター。大好きな朝食です

材　料	配合(%)	1斤	1.5斤	メモ
ゴールデンヨット	50	150g	225g	
リスドォル	50	150g	225g	
上白糖	2	6g	9g	
天然塩	1.5	5g	7g	
バター	2	6g	9g	
インスタントドライイースト	1	3g	5g	
水	66	198g	297g	
(型用)				
ショートニング		適宜	適宜	

●ミキシング…15分
●１次発酵……60分→パンチ→40分
●ベンチタイム……15分
●最終発酵……50～60分
●焼成……180℃45分（1.5斤）
35分（1斤）

作り方

1　粉、上白糖、天然塩を混ぜ合わせ、中央をくぼませ、人肌にあたためた水を注ぎ、イーストをふり入れる。
2　イーストを水によくなじませ、周囲の粉も少しずつ混ぜこんでいく。手かカードで全体を大きく合わせる。
3　ひとかたまりになったら台に出す。ボウルの内壁についている粉もカードできれいに落とす。
4　最初はかなりベタつくが、台に押しつけるようにしてこねる。手や台にくっついた生地はカードで落とし、生地のかたまりのほうに入れていく。
5　まとまってきたら、40～50回くらいまんべんなく台に打ちつける。台に打ちつけることで、表面のベタつきがだいぶとれ、手にもつかなくなってくる。
6　さらに台の上で、なめらかになるまでしっかりこねる。もし、この段階でも手に生地がくっついてこねにくい場合は、カードでできるだけ生地を落としてから、手をきれいに洗い、よくふいてからこねてみるとよい。
7　やわらかくしたバターを生地にすりこむ（＊1）。すべってまとまりにくいが、やがてなじんでくる。
8　なめらかでつやのある状態になればこねあがり。
9　表面を張らせるように丸めてボウルに入れ、ビニール袋をかぶせ、あたたかいところで2倍になるまで1次発酵。
10　手に粉をつけ、生地の表面に軽く粉をふる（＊2）。ボウルの内壁に沿わせるようにカードを差しこみ、生地を取り出して丸めなおし、ボウルに戻す（＊3）。このとき、適度にガスが抜けるので、あえてつぶさなくてよい。この段階の生地はやわらかく扱いづらいが丁寧に。
11　再び2倍になるまで発酵。2度目の発酵を終えると、生地はやわらかいながらもコシがでて、扱いやすくなる。
12　台に出し、必要であれば打ち粉をして2分割し、軽く丸める（＊4）。かたく絞ったふきんをかぶせ、ベンチタイム。この間に型にショートニングを塗っておく。
13　生地の閉じめを上にむけ、軽くつぶして、手前から奥に控えぎみに2つ折り、次に右から左へかぶせぎみに2つ折りにする。表面を張らせ、裏をひきしめるように丸める。
14　閉じめを下にして型に入れ、あたたかいところで最終発酵。
15　型の端から1㎝ほどでるくらい十分にふくらめば発酵終了。オーブンで焼く。
16　焼きあがったら、型の底を軽く台に打ちつけて倒し、取り出す。網にのせてさます。

（＊1）基本生地（p18～21）のように早い段階でバターを加える方法はバターが容易に生地になじむので初心者向き。しかし今回のようにある程度こねてから加えたほうが、グルテン膜の薄い伸びのいい生地になる。
（＊2）まず、手に粉を薄くまぶすようにしたあと、生地の上で軽くはらうようにするとよい。打ち粉は使いすぎると口あたりを損ねるので最小限に抑えたい。
（＊3）これをパンチという。きめがととのい、新しい酸素が入ることでイーストが活性化するなどの効果がある。
（＊4）この丸めは断面と裏生地のベタつきがちな部分を内部にくるみこみ、表面をととのえることが目的。次の成形がしやすいように、ゆるめに丸めること。

1 ボウル内でひとまとめにした生地を台に出す。

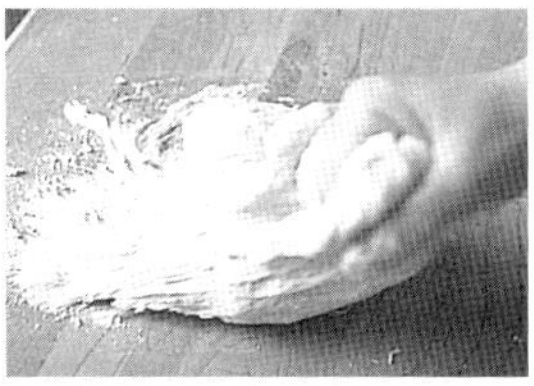

2 台に押しつけるようにこねる

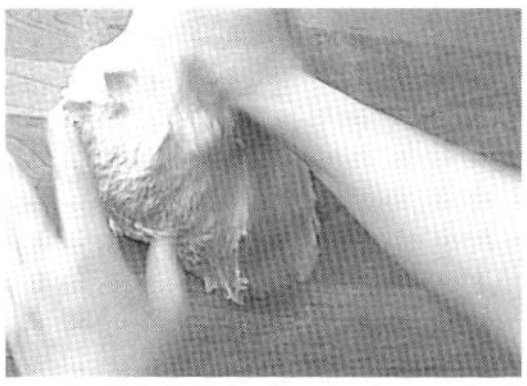

3 だんだんまとまってくる。台に40〜50回打ちつける

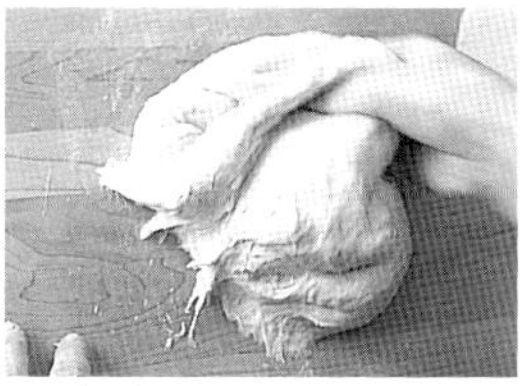

4 手や台からはなれやすくなり、なめらかになってくる

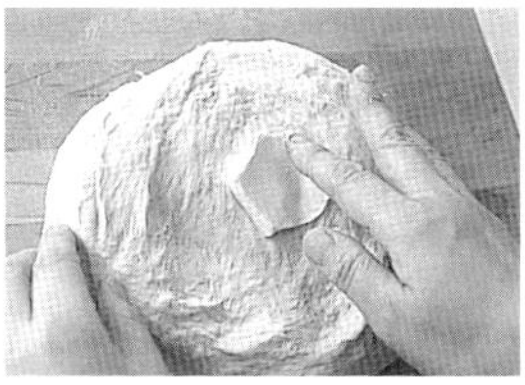

5 生地を広げて、やわらかくしたバターをすりこむ

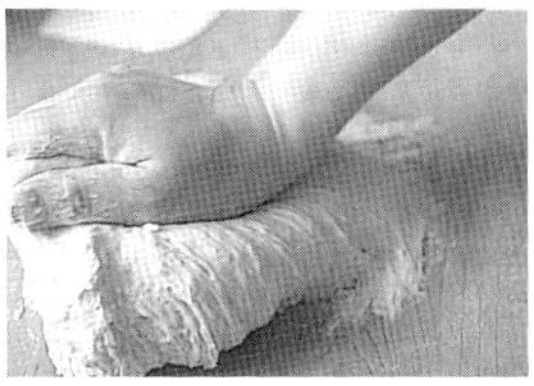

6 バターがなじむまでよくこねる

7 つやがでてなめらかになればこねあがり。丸めて1次発酵へ

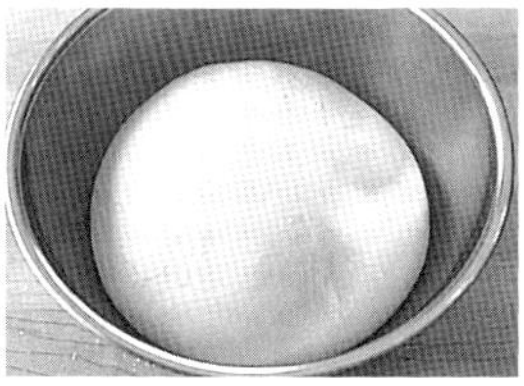

8 生地が2倍にふくらんだところ

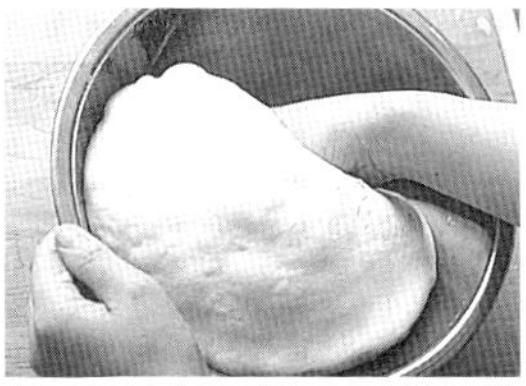

9 カードをボウルと生地の間に差し入れ、生地を取り出す

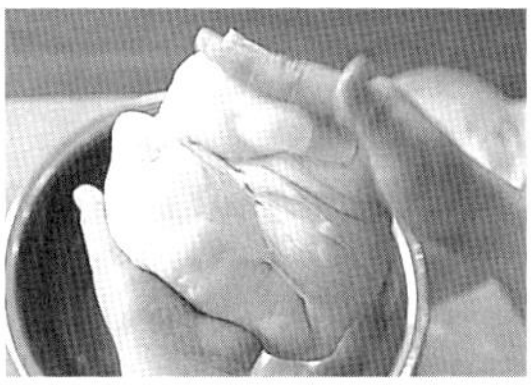

10 両手で丸めなおす。これがパンチ

11 表面をぷりっと張らせるように。生地はかなりやわらかい

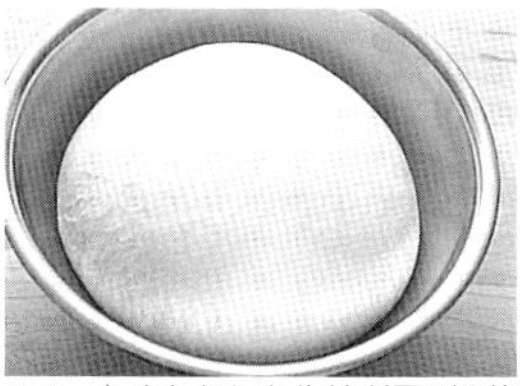

12 丸めなおした生地が再び2倍になれば1次発酵終了

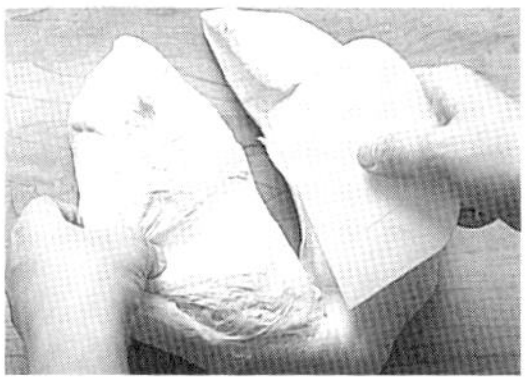

13 台に生地を取り出し、カードで2分割

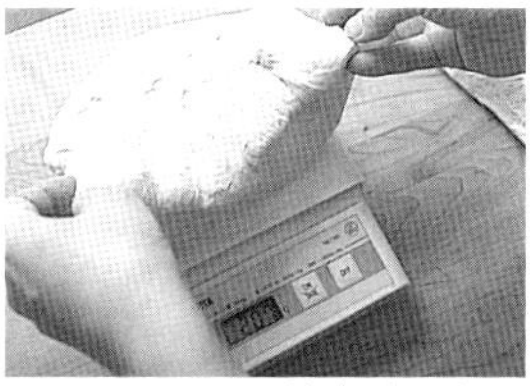

14 山の大きさに差がでないよう、デジタル秤で計量する

15 軽く丸めてふきんをかけてベンチタイム

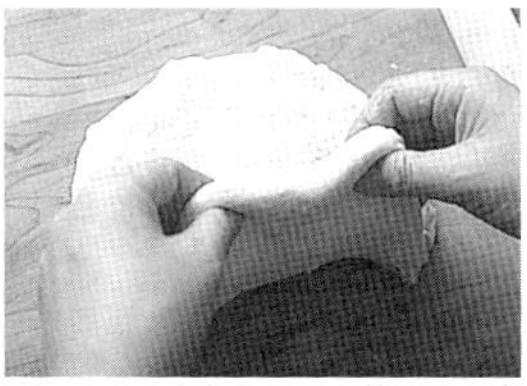

16 閉じめを上に円に伸ばし、奥を控えめに2つ折り

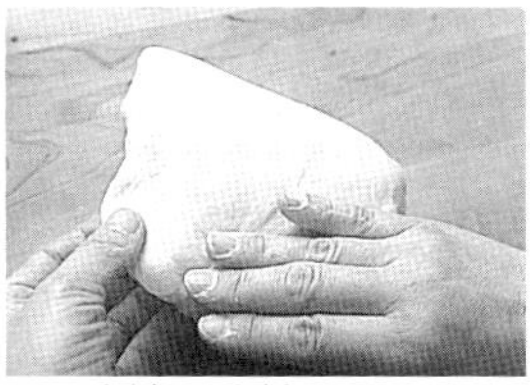

17 右側から左側にかぶせぎみに2つ折り

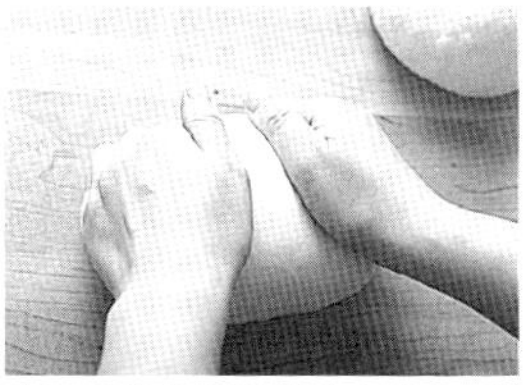

18 表面をきれいにととのえ、裏に生地をおくるように

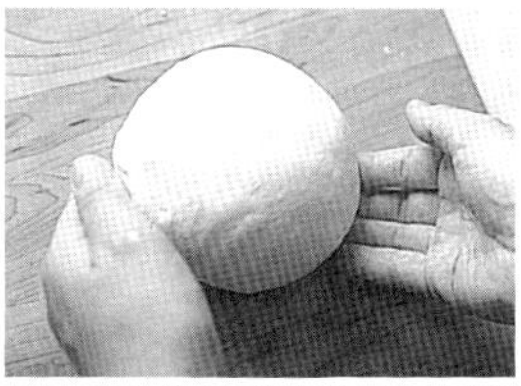

19 裏をひきしめ張りのある球状に。もう一方も同様に

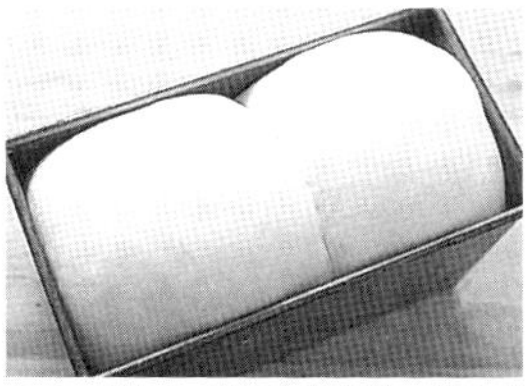

20 型におさめ最終発酵。型の端から1cmでたら焼成へ

食パンの型 ○

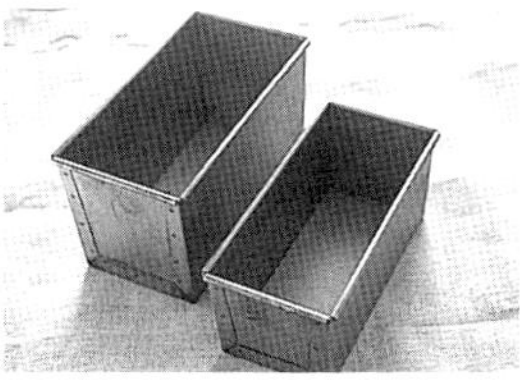

一般的なアルタイトの型は、使いこむほどに型ばなれがよくなります。使用後は布でからぶき。長期間使用しない場合は洗剤できれいに洗い、乾かして保管しましょう。
1.5斤→220×110×h120mm
1斤→195×95×h95mm

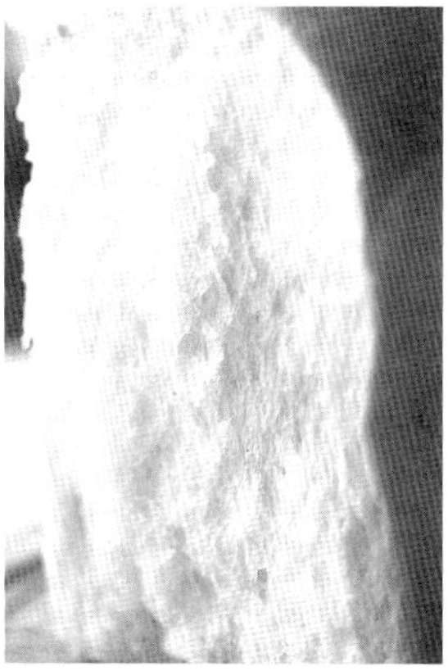

くーぷトーストの断面。きめに透明感があり、縦方向にのびのびとふくらんでいます

角食

胚芽角食

まちゃ角食

角食

牛乳の影響でクラストは濃いめの褐色。クラムは白くきめ細かく、しっとりした口あたり。
ほんのり甘味も感じられ、どなたにも好まれるパンです。
トーストにも、サンドイッチにもぴったり。
ふたをして焼くので、生地が見えず難しい面もありますが、何度も焼いてみることです。

材　料	配合(%)	1斤	1.5斤	メモ
スーパーカメリヤ	100	250g	380g	
上白糖	5	13g	19g	
天然塩	1.5	4g	6g	
バター	5	13g	19g	
インスタントドライイースト	1	3g	4g	
牛乳	75	188g	285g	
(型用)				
ショートニング		適宜	適宜	

●ミキシング……15分
●1次発酵……60分→パンチ→40分
●ベンチタイム……15分
●最終発酵……40～50分
●焼成……180℃40分（1.5斤）、30分（1斤）

（以上、かぼちゃ角食・胚芽角食共通）

作り方

1　くーぷトースト（p8）の要領で生地を作り、1次発酵（途中でパンチ）。
2　生地を取り出して2分割して軽く丸める。かたく絞ったふきんをかぶせ、ベンチタイム。この間に型とふたにショートニングを塗っておく。
3　生地の閉じめを上にむけ、手か麺棒でつぶして、左右から3つ折りにして手前から巻く。
4　型の両端にそれぞれ寄せて入れ、ふたをして最終発酵。
5　時々、ふたをスライドさせて様子をみながら、八分目までふくらんだらオーブンで焼く。
6　焼きあがったら、型の底を軽く台に打ちつけて倒し、取り出す。網にのせてさます。

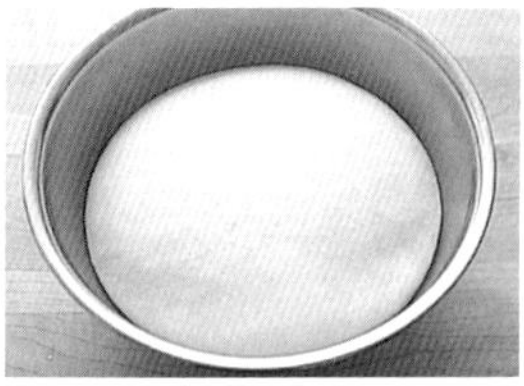
1　1次発酵は途中でパンチ。再び2倍になるまで発酵

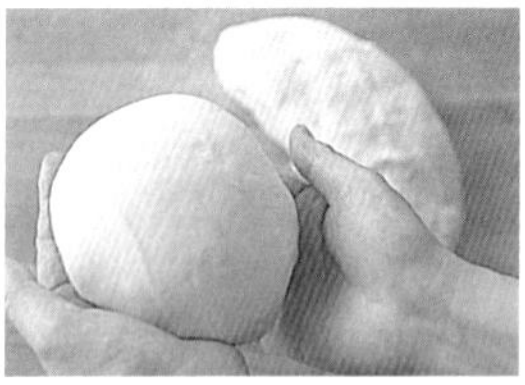
2　デジタル秤で計量して2分割。軽く丸める

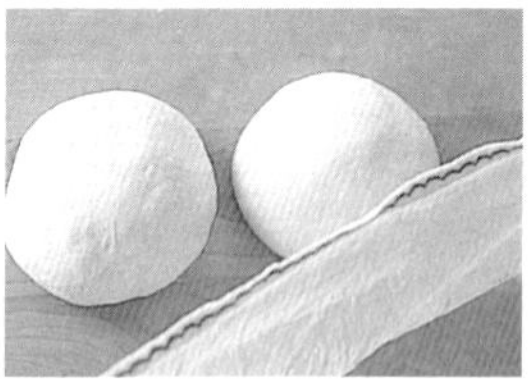
3　かたく絞ったふきんをかけてベンチタイム

4　ベンチタイムの間に型とふたにショートニングを塗る

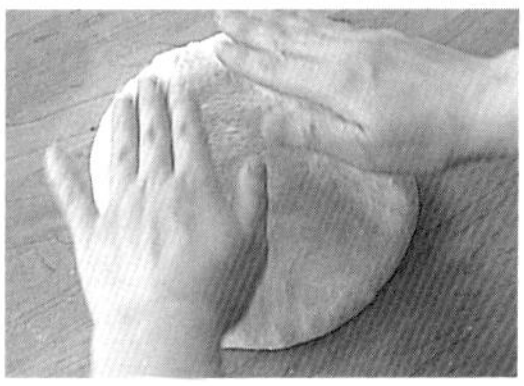
5　生地をつぶして円形にする

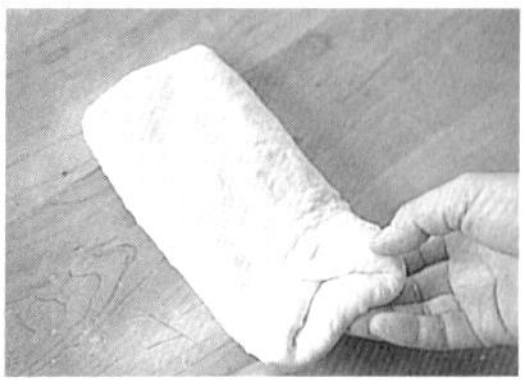
6　左右から折って3つ折りにする

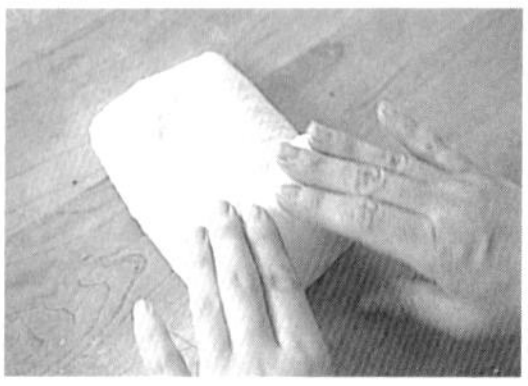
7　手前から丸める

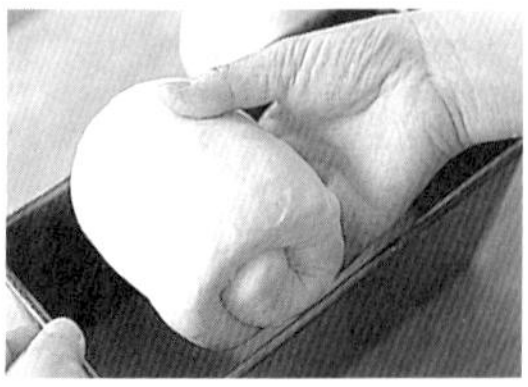
8　閉じめを下にして型におさめる

9　生地を型の両端に寄せると均等にふくらむ

10　型の八分目までふくらんだら最終発酵終了。焼成へ

かぼちゃ角食

かぼちゃは電子レンジで加熱し、つぶします。生地と同程度のかたさがベスト。やわらかい場合は生地の水分を控え、かたい場合はマッシュに牛乳を加え調整します。

作り方

イーストと牛乳をなじませたあと、かぼちゃのマッシュを加える。あとは角食と同様に。

材 料	配合(%)	1斤	1.5斤	メモ
スーパーカメリヤ	100	250g	380g	
きび砂糖	5	13g	19g	
天然塩	1.5	4g	6g	
バター	5	13g	19g	
インスタントドライイースト	1	3g	4g	
牛乳	70	175g	266g	
皮つきかぼちゃのマッシュ	20	50g	76g	
(型用)				
ショートニング		適宜	適宜	

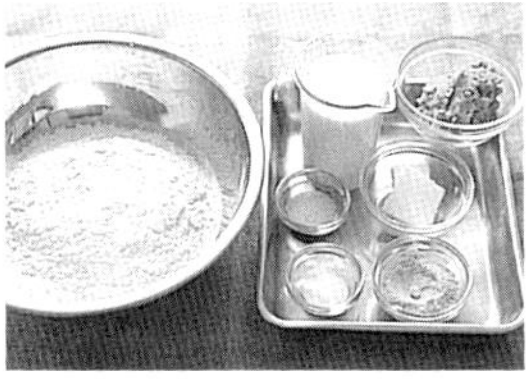

1 材料をそろえる。かぼちゃは加熱しフォークで丁寧につぶす

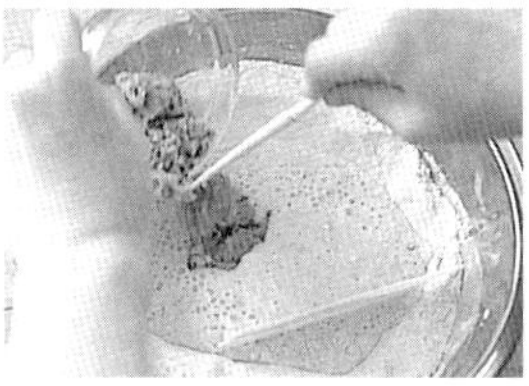

2 イーストをなじませ、かぼちゃのマッシュを加える

3 2分割した生地を伸ばす。ベンチタイムは省略してもよい

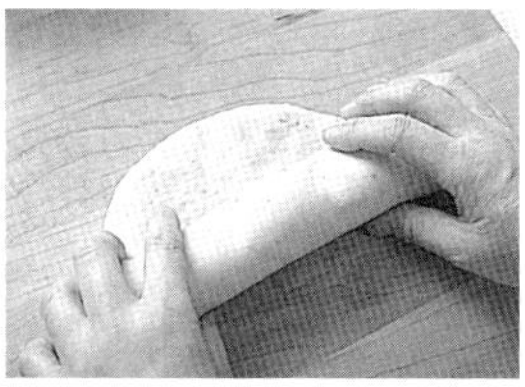

4 手前から巻く

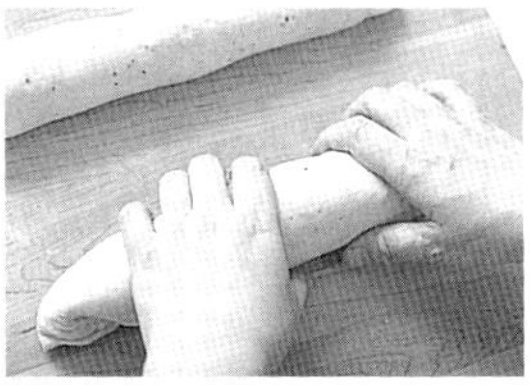

5 型より少し長めの棒状にととのえる

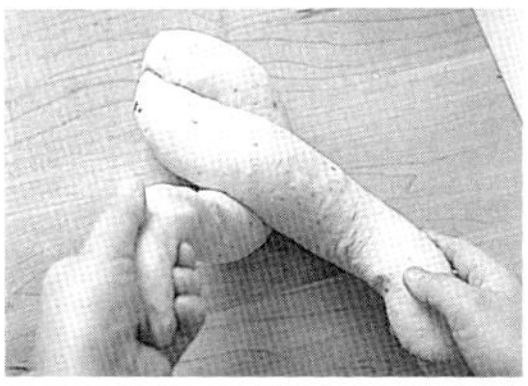

6 2本をゆったりとねじり合わせよう

7 型におさめる。角食の成形でもよい

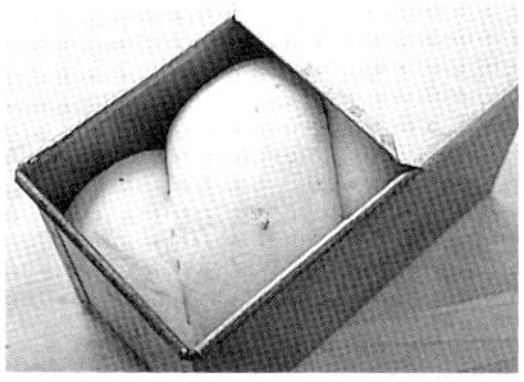

8 型の八分目までふくらんだら最終発酵終了。焼成へ

胚芽角食

トーストしたときの香ばしさと、
ざっくりとした食感が魅力です。
薄くスライスして、野菜やハム、
チーズなどのサンドイッチもおすすめ。

作り方

ボウルに粉類を全部入れ、あとは角食と同様に。

材 料	配合(%)	1斤	1.5斤	メモ
ゴールデンヨット	72	180g	274g	
細挽き全粒粉	20	50g	76g	
小麦胚芽　　　(*)	8	20g	30g	
きび砂糖	5	13g	19g	
天然塩	1.5	4g	6g	
バター	5	13g	19g	
インスタントドライイースト	1	3g	4g	
牛乳	75	188g	285g	
(型用)				
ショートニング		適宜	適宜	

1 材料をそろえる

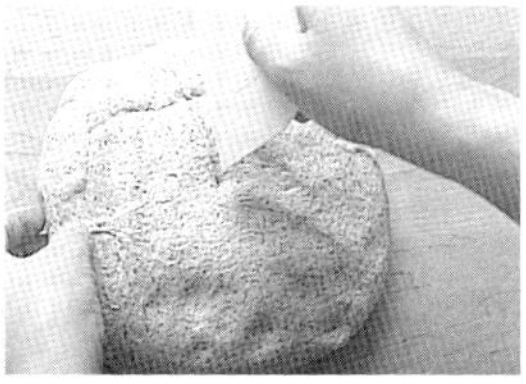

2 1次発酵後、2分割

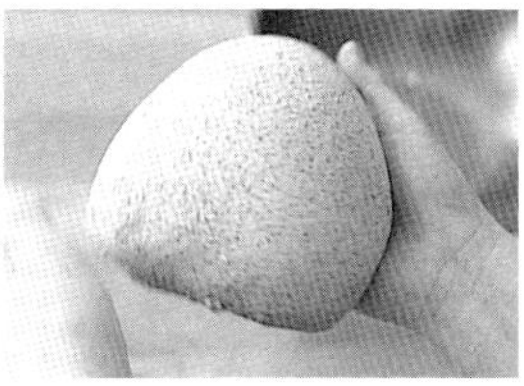

3 軽く丸めてベンチタイムをとる

4 角食と同様に成形して型入れ

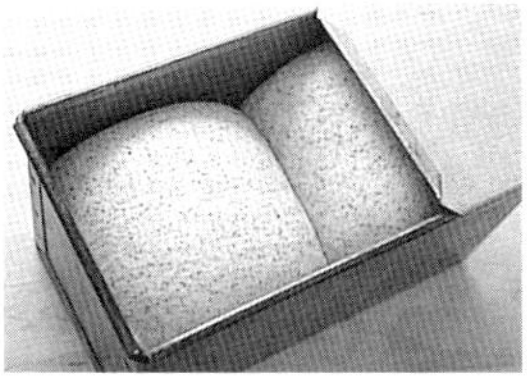

5 型の八分目までふくらんだら最終発酵終了。焼成へ

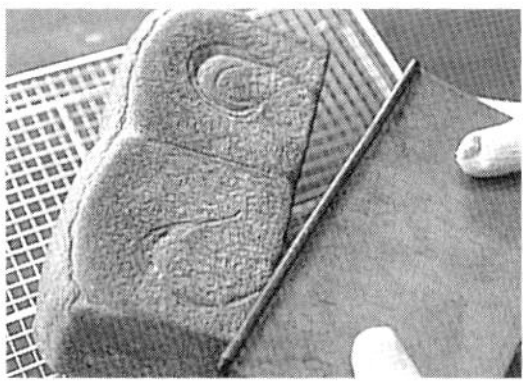

6 焼きあがったら、すぐに型から出す

(*) 製パン用のローストタイプ。生の胚芽の場合はオーブンかフライパンで濃いきつね色になるまでローストしてから使用すること。

ホシノ丹沢酵母の山食

ホシノ丹沢酵母の山食

扱いやすい天然酵母として人気のホシノ天然酵母と
国産小麦の山食です。生地に少量のオリーブオイルを加えて、
生地の伸展性を助け、重すぎず軽すぎずの食感を目指しました。
ホシノ酵母は種類がいろいろありますが、初心者には発酵力が強く、
生地がゆるみにくい丹沢酵母をおすすめします。

材　料	配合(%)	1斤	メモ
はるゆたか	100	400g	
きび砂糖	2.5	10g	
天然塩	1.5	6g	
EXヴァージンオリーブオイル	2	8g	
ホシノ丹沢酵母生種	5	20g	
水	55	220g	
（型用）			
ショートニング		適宜	

●ミキシング……15分
●1次発酵……8～12時間（室温により幅がある）
●ベンチタイム……15分
●最終発酵……60～90分（室温により幅がある）
●焼成……160℃15分→180℃20分　計35分

作り方

1　粉、きび砂糖、天然塩を合わせて中央をくぼませ、水と生種をよく混ぜ合わせたものを注ぐ。周辺の粉となじませたらオリーブオイルを加え、全体をひとつにまとめる。

2　台に出してなめらかになるまでよくこね、丸めてボウルに入れ1次発酵。2.5～3倍にふくらめばよい。時間は、室温により8～12時間（あるいはそれ以上）と幅があるので生地の様子をみて判断すること。発酵は夜を利用するとよい。

3　生地を2分割して、ベンチタイム。くーぷトースト（p8）の要領で成形し、型に入れ、最終発酵。ホシノ酵母・国産小麦の生地はデリケートなので、やさしく丁寧に扱うこと。適宜打ち粉を用いてよいが使いすぎないように。

4　生地が型の端から1cmほどでたら、オーブンで焼く。

5　焼きあがったら型の底を軽く台に打ちつけて倒し、取り出す。網にのせてさます。

生種の作り方

●材料　ホシノ丹沢酵母種75g、水（28～30℃）150g（酵母種：水=1：2）
●作り方　清潔なビンに、水、酵母種を入れ、よく混ぜる。空気がとおるように軽くふたをしめ、室温におく。ぷくぷく泡だって、やがて泡がおさまり、苦味と渋みのあるとろりとした状態になれば完成。20～25℃くらいで2日ほどかかる。秋～冬の室温が低いときはもう少し時間がかかるが、自然まかせでじっくり待つことにしている。夏場に室温が30℃を超える場合は、温度管理が必要。できあがった生種は清潔なへらで均一に混ぜ、ひと晩冷蔵庫に入れて落ち着かせてから使う。冷蔵庫で約1ヵ月保存できる（この生種はp34のベーグル、p46のバターロールにも使う）。

1 水の中に酵母種をはかり入れる

2 清潔なへらやスプーンでよく混ぜる

3 ひと晩たつとぷくぷく発酵してくる

4 発酵がおさまりとろりとなる。ひと晩冷蔵庫でねかせる

1 材料をそろえる。オリーブオイルが伸展性を助ける

2 水を計量し、そこへ生種をはかり入れ、よく混ぜる

3 水+生種と粉をなじませたところへ、オリーブオイル投入

4 2分割し、くーぷトーストと同じように成形

5 ショートニングを塗った型へおさめる

6 十分に発酵したら焼成。低温→高温と2段階で焼く

column 1

配合表の読み方と活用の仕方

●「基本のリッチ生地の丸パン」（表１）を例に、本書の配合表の読み方、活用の仕方を説明しましょう。

①**材料**……このパンに使用するすべての材料です。

②**配合(%)**……粉を100とし、粉に対するほかの材料の割合を示しています。これをベーカーズパーセントとよびます。ベーカーズパーセントは、パンの“みのうえ”を語るもの。慣れてくると、砂糖や油脂、乳製品の割合から、パンの性格（味、食感、焼き色など）を作る前にイメージできるようになります。また、たくさん作りたいときは、ベーカーズパーセントの数値を3倍、4倍、少なめに作りたいときは1.5倍などにすれば、必要な分量を正確かつ容易に求めることができます。この場合、小数点以下は四捨五入です。

③**6個**……作りやすいパンの個数（使用する型を記載する場合も）と、それに必要な分量です。デジタル秤ではかります。

④**メモ**……あなたが自由に利用するスペースです。

●本書には「くーぷトースト」（表2）のように、粉を2銘柄以上使うレシピもあります。その場合、配合（%）は使用する粉をすべて合わせて100になります。また、食パン類は1斤、1.5斤の2サイズの型の分量を提示しました。お手持ちのオーブンの容量や家族の人数に合わせてご利用ください。

●メモの活用例です。表1のように、普段作る分量を記入するのもよいでしょう。また、表2のように、気づいたことを書きとめたり、計量スプーンに換算しておくのも便利ですね。このように、ベーカーズパーセントをふまえつつ、好みや、環境を考慮して、あなただけのレシピに育ててくださいね。

（表1）基本のリッチ生地の丸パン

①	②	③	④
材　料	配合(%)	6個	メモ　9個分
スーパーカメリヤ	100	200g	300g
上白糖	10	20g	30g
天然塩	1.5	3g	5g（小さじ1弱）
バター	10	20g	30g
インスタントドライイースト	1.5	3g	5g（小さじ2弱）
牛乳	70	140g	210g

（表2）くーぷトースト

材　料	配合(%)	1斤	1.5斤	メモ
ゴールデンヨット	50	150g	225g	ボリュームがでる粉
リスドォル	50	150g	225g	
上白糖	2	6g	9g	→大さじ1
天然塩	1.5	5g	7g	→小さじ1強
バター	2	6g	9g	
インスタントドライイースト	1	3g	5g	→小さじ2弱
水	66	198g	297g	
（型用）				
ショートニング		適宜	適宜	

計量カップ・スプーン

デジタル秤

材　料	重　量	計量スプーン
きび砂糖、上白糖	10g	大さじ1
天然塩	3g	小さじ½
インスタントドライイースト	3g	小さじ1
オリーブオイル、サラダ油	4g	小さじ1

●計量が大事といわれるパン作りですが、家庭で作る分量ならば、塩やイーストは計量スプーンではかっても結構です。オリーブオイルやサラダ油も、計量スプーンではかり入れたほうが能率的です。計量スプーンの使用は、大雑把な印象を持つ方も多いようですが、練習すれば適量をはかれますし、手早さと気軽さはパン作りをより身近なものにしてくれるはず。ただし、仕込み量が多くなるほど、誤差が大きくなりますから、デジタル秤と臨機応変に使いわける知恵が必要です。水1g＝1mℓということを利用して、水分の計量に計量カップの目盛りを利用するのもひとつの方法ですが、精度が悪い製品も多々見られることと、水分の過不足は生地への影響が大きいため、デジタル秤での計量をおすすめします。

換算の目安を載せておきます。人によって、山盛りぎみ、控えめなどのくせもありますから、確かめたうえで、上手に活用してくださいね。

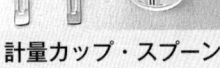

column **2**

愛用の粉と基本の材料

パンの性格は、油脂や砂糖、乳製品の割合でおおむね決まってきますが、同じレシピでも粉を変えれば、また違った表情を見せてくれるものです。小麦粉のたんぱく質は、水分を加えてこねることで網目状のグルテンという組織を作ります。このグルテンの網目状の膜は、そのひとつひとつに、イーストが発生する二酸化炭素をかかえこみます。そして焼成による熱で風船のように膨張するため、パンはふっくらとした食感を得るのです。生地をよくこねるのは、伸びがよく薄くてきめ細かいグルテン組織を形成するためなのです。

小麦粉は一般にたんぱく質の含有量で分類されます。たんぱく質含有量が多いほどボリュームのあるパンになりますが、ふくらむことが最優先というわけではありません。また同程度のたんぱく質量の粉でも、その味わいはさまざまです。まずは単独でシンプルなパンを焼き、粉の個性を知ること。やがてはブレンドにより、長所を生かし短所をおぎなう配合を考えていけるようになると、パン作りはますますおもしろくなるでしょう。

本書では、パンの特徴をよりはっきりさせるために、わたしの愛用の銘柄名をレシピに書きました。ただし、これでなければ作れないということではなく、入手が難しければ普段お使いの強力粉でもかまいません。また、入手できても使いきれないようでは、もったいないですね。まずは標準的な強力粉（カメリヤ、スーパーカメリヤなど）をメインの粉とし、新しい粉を試すときはパンを焼く頻度や目的を考え、購入量を検討しましょう。

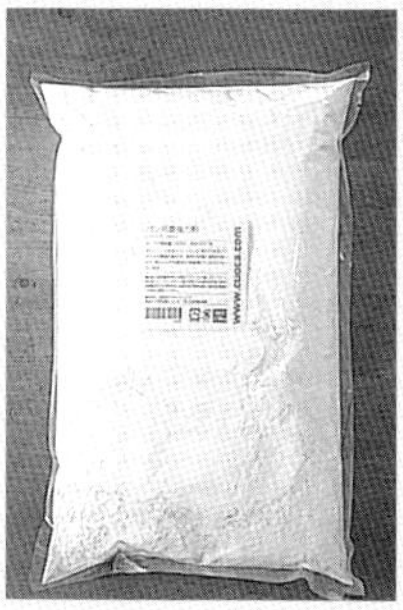

ゴールデンヨット

最強力粉
たんぱく質含有量：13.5%

抜群の窯伸び。ボリュームを出したいときや、全粒粉入りの生地、フルーツなどをたっぷり混ぜこんだ重めの生地に配合しふくらみを助ける。単独ではそのボリュームのため、味が軽くなりすぎる傾向も。

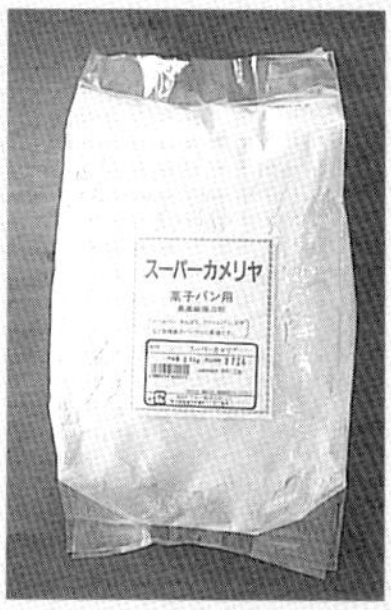

スーパーカメリヤまたはカメリヤ

強力粉
たんぱく質含有量：11.5%

安定した使い心地。メインに使っている。食パンから菓子パンまで用途は幅広い。粉の甘味があってきめこまやかなふっくらパンに。

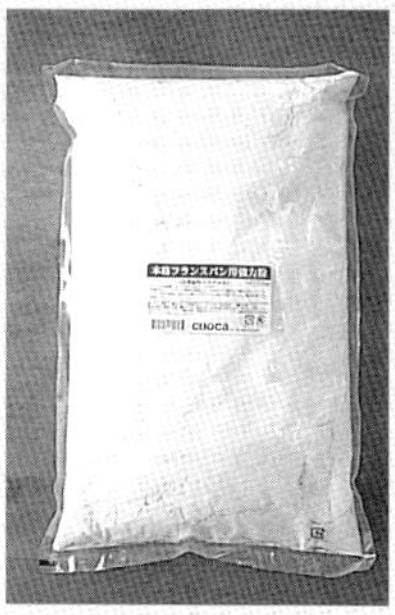

リスドォル

フランスパン専用粉
たんぱく質含有量：10.7%

さっくりと軽く、焼きあがりの香ばしさがきわだつ。リーン系に向いている。クロワッサンなど折りこみを繰り返す生地には、このくらいのたんぱく質量がグルテンができすぎず作りやすい。

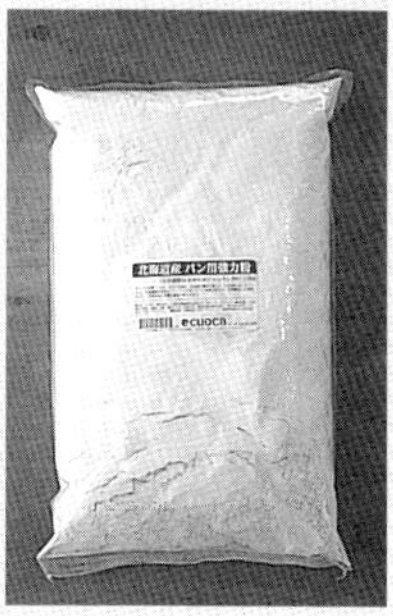

はるゆたかまたははるゆたかブレンド

国産強力粉
たんぱく質含有量：11.0%

もちもちとした食感と旨味がある。パンとしてはやや重めの焼きあがりになるが、個性として楽しみたい。ホシノ天然酵母との相性がよい。

風味をプラスしたいときは……

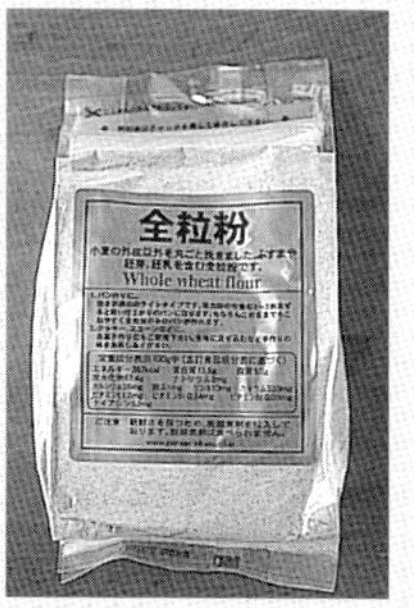

全粒粉

小麦をまるごと挽いた粉。繊維、ミネラル分を含む。

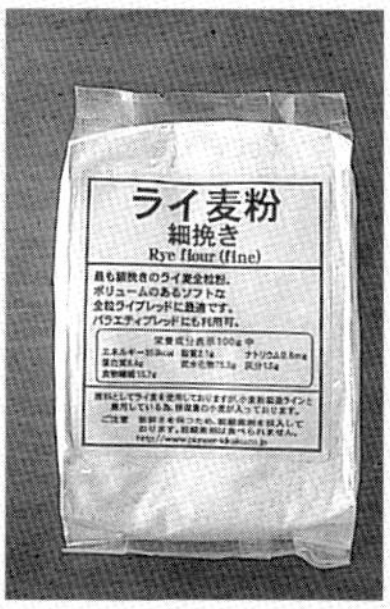

ライ麦粉

ライ麦を挽いた粉。独特の香りと酸味がある。いずれも細挽きを使用。

こだわりの基本材料

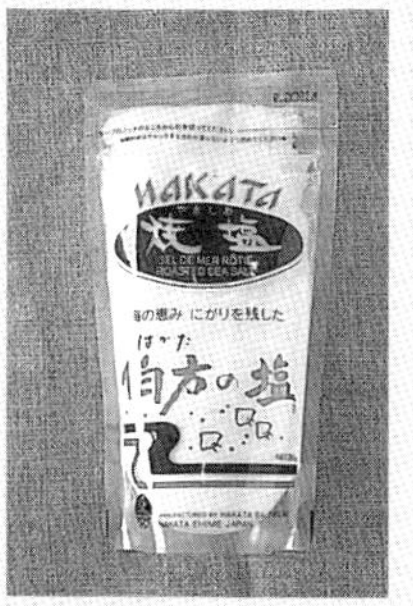

天然塩

さらさらの焼き塩を使用。

インスタントドライイースト

サフ社の製品。安定した発酵力。ミキシング時に十分に水分となじませることが大事。本書の使用基準量は1.5%だが、好みや環境に応じて0.8～1.5%の範囲で調節可能。（注・使用量を控えれば発酵時間は長くなる）

したい2つの生地

基本のリッチ生地の丸パン

砂糖、バター、牛乳などを多めに配合した“リッチな生地”。
とてもしなやかで扱いやすく、焼きあげればふんわりしてほんのり甘く、
きつね色が美しい、どなたにも好まれるパンになります。
ここでは朝食用のパンとして焼きあげましたが、菓子パンや調理パンの
ベースとして用途は幅広く、本書では繰り返し用いています。
また「くーぷ」のリッチ生地は卵を使いません。
卵が休質に合わない方も安心してお試しくださいね。

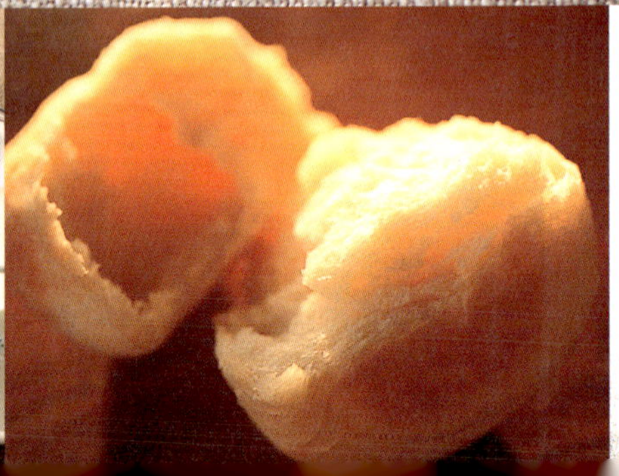

最初にマスター

基本のリーン生地の丸パン

粉、酵母（イースト）、塩、水を基本の材料とする
シンプルな“リーンな生地”。砂糖、バター、牛乳の配合がきわめて少ない場合も、
リーンの仲間と呼んでも差し支えないでしょう。焼きたてのクラストは
ぱりっと香ばしく、クラムはあっさりしているようですが、
かみしめるたびに生地の旨味が広がります。
焼き方や成形によっては、もっちりふんわりとした食感にも。
食事に添えるパンとして、あきることなく楽しんでいただけます。

基本のリッチ生地の丸パン

材　料	配合(%)	6個	メモ
スーパーカメリヤ	100	200g	
上白糖	10	20g	
天然塩	1.5	3g	
バター	10	20g	
インスタントドライイースト	1.5	3g	
牛乳	70	140g	

●ミキシング……10分　●最終発酵……20～30分
●1次発酵……50～60分　●焼成……180℃10～12分

基本のリーン生地の丸パン

材　料	配合(%)	6個	メモ
スーパーカメリヤ	100	200g	
上白糖	2.5	5g	
天然塩	1.5	3g	
バター	2.5	5g	
インスタントドライイースト	1.5	3g	
水	65	130g	
(仕上げ用)			
バター、強力粉		適宜	

●ミキシング……10分　●最終発酵……20～30分
●1次発酵……50～60分　●焼成……190℃10～12分

POINT 作り始める前にパン作りの流れをおおまかに把握しましょう

計量 → ミキシング → 1次発酵 → 分割 → 成形 → 最終発酵 → 焼成

■基本のリッチ生地の丸パンの作り方

計量/材料をはかる。牛乳は人肌にあたため、バターはやわらかくしておく。

ミキシング/ボウルに粉、上白糖、天然塩を入れ、泡だて器で2～3回軽く混ぜ全体に空気を含ませる。中央にくぼみを作り牛乳を注ぐ。ドライイーストを広げるようにふり入れ、カードで牛乳とよくなじませる。周囲の粉を少し合わせ、もったりしたところへバターを加える。カードを大きく動かし、水分を粉にゆきわたらせるように全体を合わせる。ひとまとめにして台の上に取り出す。ボウルの内側の生地もカードできれいに落とし、生地のかたまりに入れる。片手で台に押しつけるようにこね始めると、少しずつベタつきがとれてくる。ベタつかなくなってきたら両手でこねる。生地に手をあて、右、左、右、と交互に前に押し出しては引き戻す、をリズミカルに繰り返す。10分ほどこねると、なめらかでつやのある生地になる。表面を張らせるように丸める。このとき、手、台、ボウルに、粉や生地の付着がなく、きれいになっているのが理想。

1次発酵/ボウルに丸めた生地を戻し、ビニール袋をかぶせ、30℃くらいのあたたかいところにおいて発酵させる。オーブンの発酵機能を使ったり、大きめの鍋やボウルに40℃弱の湯を張って湯煎したり、気温の高い時期なら室温におくだけでもよい。直射日光のあたる窓際やヒーターなどの近くは、ボウルがかなり熱くなるので避ける。

生地の大きさが2倍くらいにふくらめば発酵終了。時間は50～60分が目安だが、あくまでも生地の大きさで 判断を。

分割/生地とボウルの間にカードを差しこんで、生地を台に取り出す。ボウルの底に接していた面を上にむけておく。手で軽く押さえて円形にととのえ、カードで6等分する。

成形/とがったほうから2つに折り、くるっとひっくり返し、表面を張らせながら周囲の生地を下におくる。もう一度裏に返し、寄せてきた生地を集め、一点にひきしめるようにしっかり閉じる。成形のすんだ生地、待たせている生地が乾かないよう、かたく絞ったふきんをかけておく。

最終発酵/オーブンシートを敷いた天板に生地を並べ、かたく絞ったふきんをかけ、30℃くらいのあたたかいところで約2倍の大きさになるまで発酵させる。

焼成/あらかじめあたためておいたオーブンできつね色になるまで焼く。焼きあがったら網に移してさます。

■基本のリーン生地の丸パンの作り方

計量、ミキシング、1次発酵、分割/計量から分割まで、要領はリッチの基本生地と同じ。

成形/リッチと同じように丸める。慣れてきたら片手で丸める次の方法も。分割した生地を2つ折りにして、きれいな面を上にむけて台におき、手のひらを包みこむようにかぶせる。生地の裏は台に密着させた状態で、円を描くように手を動かし、表面を張らせながら生地を裏におくりこみ、ひきしめるようにして丸める。これが両手でそれぞれにできるようになると、丸めがスピードアップする。

最終発酵/オーブンシートを敷いた天板に生地を並べ、かたく絞ったふきんをかけ、あたたかいところで約2倍の大きさになるまで発酵させる。茶こしで軽く強力粉をふり、ぬらしたナイフで1本クープを入れる。刃をすべらせるように引くのがコツ。クープに7mm角に切ったバターを1個ずつのせる。バターをのせると風味もよくなるほか、クープが開きやすくなる。

焼成/あらかじめあたためたオーブンできつね色になるまで焼く。焼きあがったら網に移してさます。

基本の リッチ生地の 丸パン

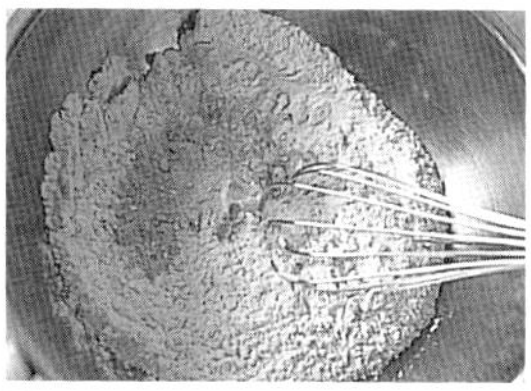
1

2

3

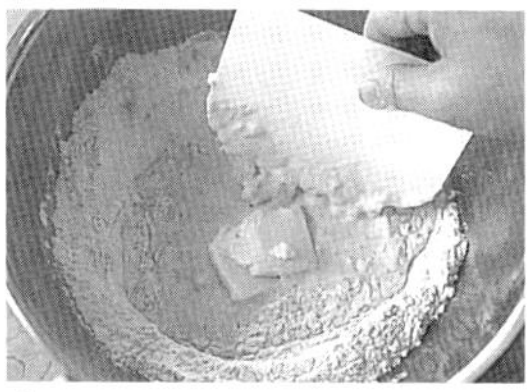
4

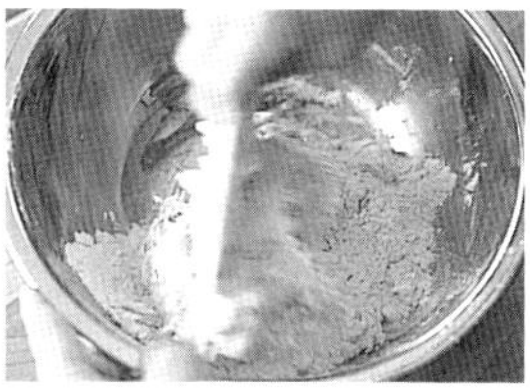
5

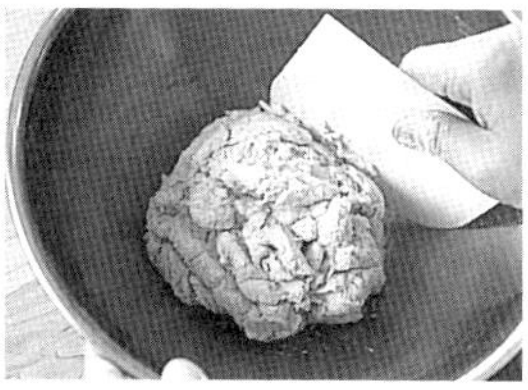
6

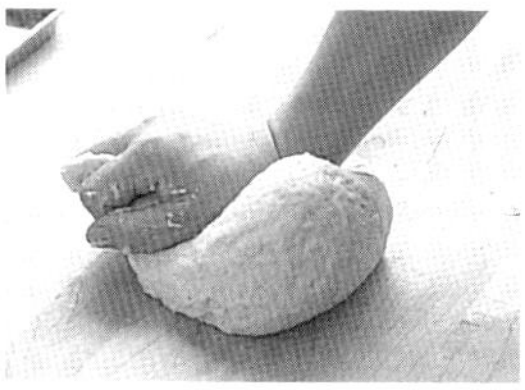
7

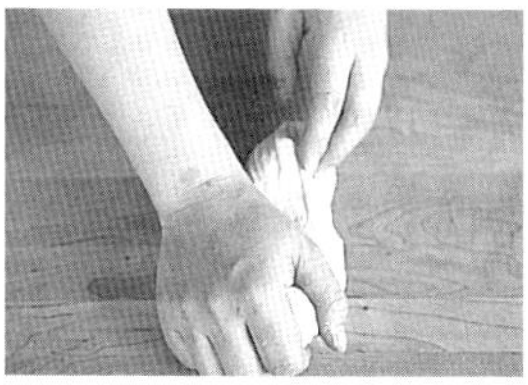
8

9

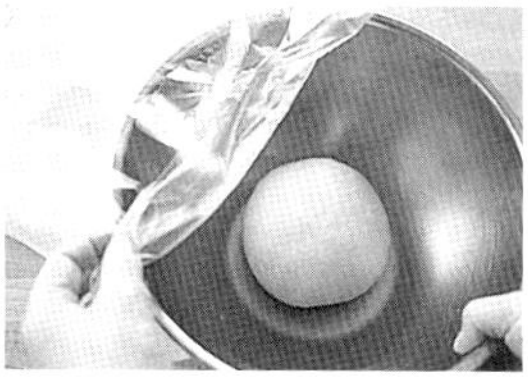
10

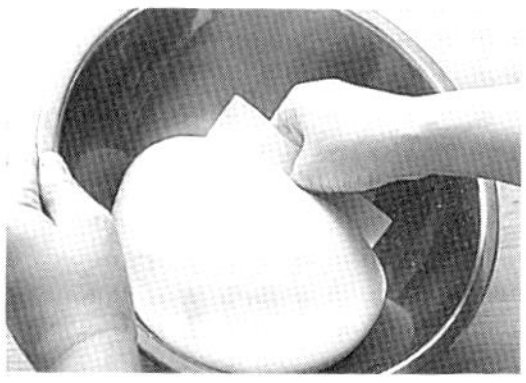
11

12

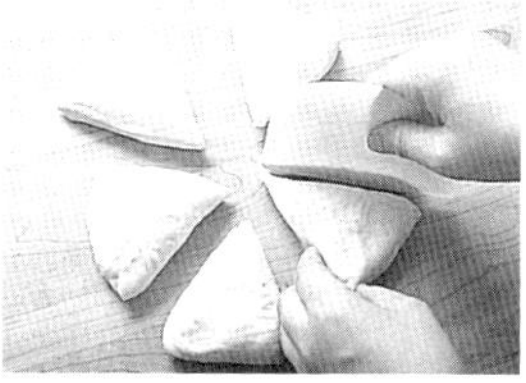
13

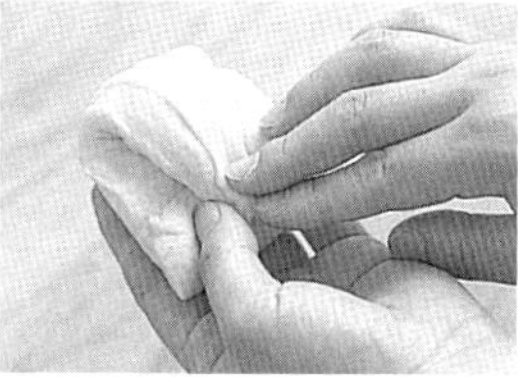
14

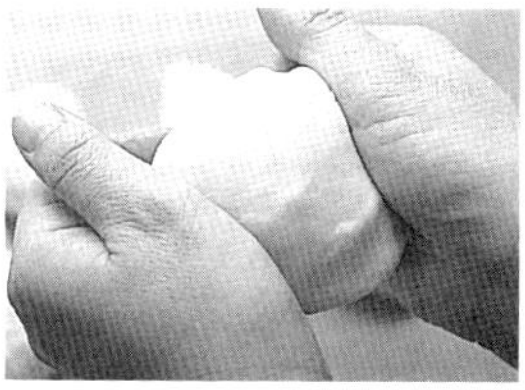
15

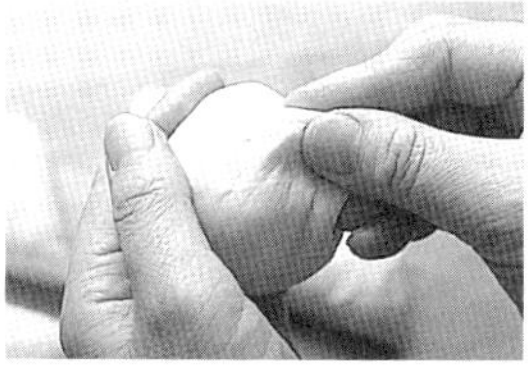
16

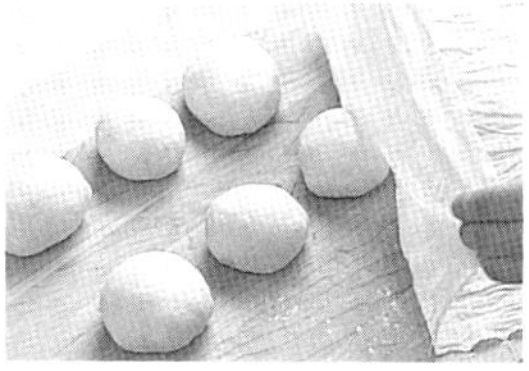
17

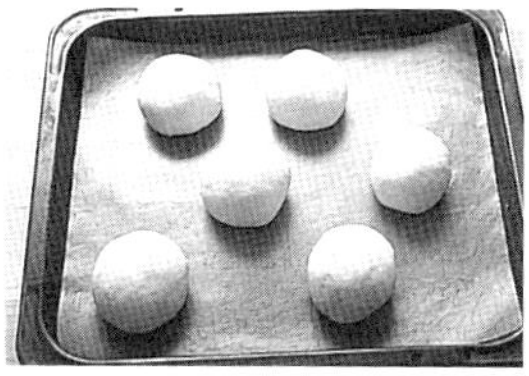
18

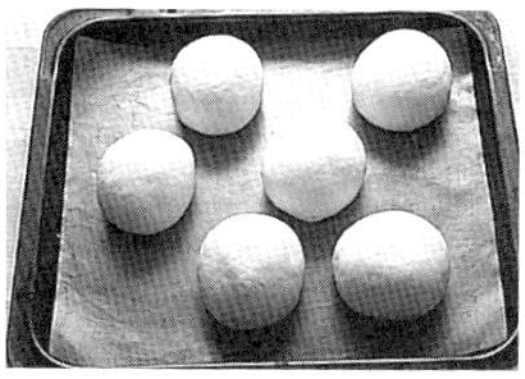
19

基本の リーン生地の 丸パン

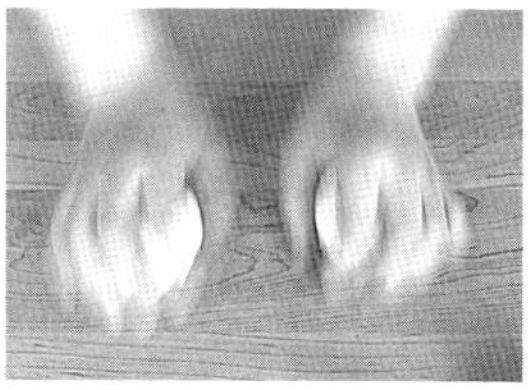
1

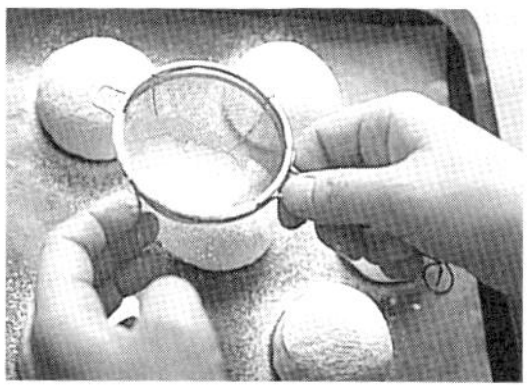
2

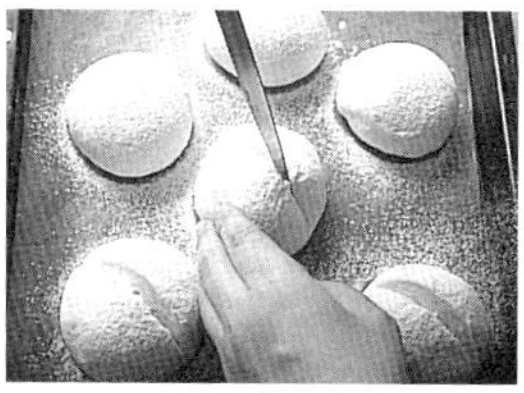
3

4

バリエ

基本のリッチ生地で作るバリエ

1次発酵後6分割、丸めてエンゼル型（直径18cm）に入れる。2倍になるまで最終発酵後、180℃で20分焼成。

基本のリーン生地で作るバリエ

1次発酵後、6分割。休ませて円形に伸ばし手前から巻いてしっかり閉じ、2倍になるまで最終発酵。粉をふり、クープを1本入れてバターをのせ、190℃で10分焼成。

ブランチタイム

バナーヌ

ブランチタイムとバナーヌ

基本のリッチ生地（p20）で2種のパンを作りましょう。生地を円形に伸ばしてカップ状にするところまでは共通です。
野菜やソーセージを彩りよく盛りこめばボリュームたっぷりの「ブランチタイム」。
うずらの卵がかわいいアクセントです。「バナーヌ」は焼きこむことでバナナとアーモンドクリームが溶け合って、
ひときわ甘い香りです。フィリングは一次発酵中に準備します。
数種のパンを一度に作るのは大変ですが、ひとつの生地からの作りわけなら気軽にトライできるでしょう。

ブランチタイム

基本のリッチ生地全量を1次発酵後10分割し
ブランチタイム5個、バナーヌ5個に作りわける。

ブランチタイムのフィリング

材　料	5個
ウィンナソーセージ	5本
プチトマト	5個
なす（7㎜厚さの輪切り）	10枚
EXヴァージンオリーブオイル	適宜
うずら卵	5個
ピザソースまたはケチャップ	適宜
ピザ用チーズ	適宜
ハーブ（仕上げ用）	適宜

●ミキシング……10分
●１次発酵……50～60分
●ベンチタイム……10分
●最終発酵……15～20分
●焼成……180℃10～12分

準備

ソーセージは斜めに2つに切る。プチトマトはヘタをとり2つに切る。
なすにまんべんなくオリーブオイルをまぶす。

作り方

1　1次発酵を終えた基本のリッチ生地を10分割し、丸める。このあと生地を伸ばすので、丸パンの成形のようにきっちり締めず、ゆったりと軽く丸める。かたく絞ったふきんをかぶせてベンチタイム。
2　生地の閉じめを下にして、麺棒で直径12㎝の円に伸ばし、カップに敷きこむ。指で生地をカップに密着させ、壁をしっかりたてる。10個の生地のうち5個はブランチタイムに、残りの5個はバナーヌにする。
3　5個の生地にピザソースを塗り、フィリングを彩りよく盛りつける。うずらの卵は殻が入らないように別の器に割ってから流しこむ。チーズはフィリングがかくれない程度にのせる。
4　あたたかいところで最終発酵。フィリングがついてしまうので乾燥防止のふきんはかけない。そのかわり、天板ごと大きめのビニール袋にすっぽり入れたり、オーブン庫内に湯を入れたマグカップをおくなどして、生地が乾かないようにする。またフィリングをのせている間も生地の発酵はすすむので、発酵させすぎないよう気をつける。
5　オーブンで焼く。バジル、ローズマリーなど好みのハーブをあしらう。

1 なすはオイルをまぶしておくと焼いてもぱさつかずジューシー

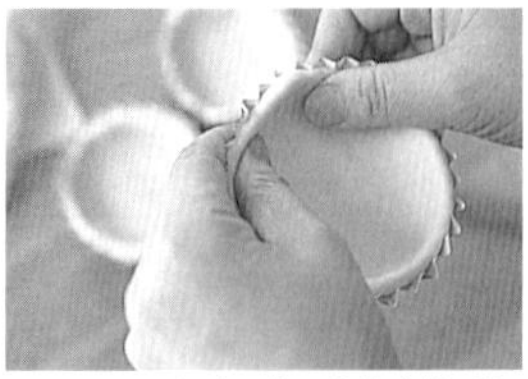

2 ベンチタイム後の生地を伸ばし、カップに敷きこむ

3 野菜類の盛りこみは彩りを楽しみながら

4 うずらの卵を入れ、チーズをのせる

バナーヌ

バナーヌのフィリング

材 料	5個
バター	20g
グラニュー糖	20g
全卵	20g
アーモンドプードル	20g
プレーンヨーグルト	10g
ラム酒	小さじ½
バナナ	2本程度

- ミキシング……10分
- 1次発酵……50～60分
- ベンチタイム……10分
- 最終発酵……15～20分
- 焼成……180℃10～12分

準備

フィリングのアーモンドクリームを作る。バターをクリーム状にし、そのほかの材料を順に加えそのつどよく混ぜる。

バナナは1㎝の輪切りにする（色が変わるので成形直前に）。

作り方

1 5個の生地に、アーモンドクリームを敷き詰め、バナナをのせる。バナナの直径によって、3～5個くらい入る。バナナは焼くと縮むので隙間なくのせる。

2 あたたかいところで最終発酵後（発酵時の注意はブランチタイムと同じ）、オーブンで焼く。好みで仕上げに粉砂糖をふったり、ナパージュ（つや出し用のジャム）を塗ってもよい。

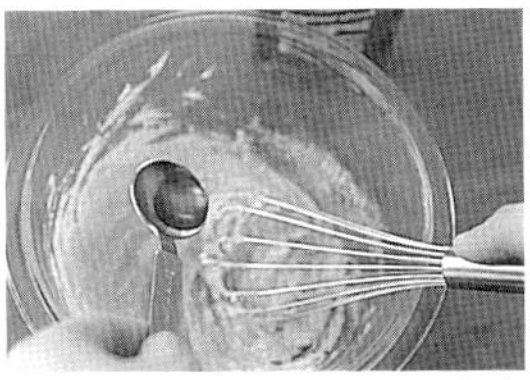

1 アーモンドクリームはラム酒を加えて香りよく

2 バナナは隙間なくたっぷりとのせて

バリエ バナナのかわりにブルーベリー、ラズベリーをのせて焼く。冷凍の場合は解凍してから。

ベーキングカップ ○

ここで使用したのは直径7.5㎝の耐熱性の紙製カップ。生地を入れる際に、油脂を塗ったり紙を敷く必要がないので手軽。そのままテーブルに出したり、プレゼントにも。100円ショップの製菓コーナーでも各種サイズ豊富に扱っています。

同じ生地、同じ成形でもこんなに楽しい！

ここで紹介する3つのパンは、どれも基本のリッチ生地をベースにして、成形方法も同じ。

でも、ほら！ 調理パン、菓子パン、シンプルなパンと表情も味わいもそれぞれに違います。楽しいでしょう！ 生地や成形方法は、ひとつのパンに固定せず、自由に使いまわすことができること、みなさんにもお伝えできたらうれしいです。

サラミチーズスティック

プレーンスティックの
メープルバター添え

チョコチップスティック

サラミチーズスティック

基本のリッチ生地をシート状に伸ばしサラミとチーズをはさみました。成形は手綱こんにゃくの要領。マヨネーズを細く絞り出して繊細な線を描きます。味がしっかりしているのでさめてもおいしい。お弁当やおみやげにも喜ばれそう。サラミをハムやベーコンにしても。

材　料（6本）

基本のリッチ生地全量（p20）
プロセスチーズ・サラミ 各40g
マヨネーズ・パセリ各適宜
●1次発酵……50～60分
●最終発酵……20分
●焼成……180℃10～12分

作り方

1　1次発酵のすんだ基本のリッチ生地を縦30㎝横25㎝の四角に伸ばす。
2　生地の手前半分に5㎜角に切ったチーズ、サラミを均等に散らし、麺棒をあてて軽く転がし、生地となじませる。奥の生地を手前にかぶせるように2つに折り、もう一度麺棒をあててフィリングと生地を密着させる。
3　縦にカードで6等分する。上下を残して真ん中にカードを押しあてて切りこみを入れる。
4　一方の端を持って、中央の切りこみに2回くぐらせ、天板に並べる。
5　かたく絞ったふきんをかぶせ、あたたかいところで最終発酵後、マヨネーズを斜めに細く絞り、オーブンで焼く。

1　サラミとチーズは5㎜角に切る

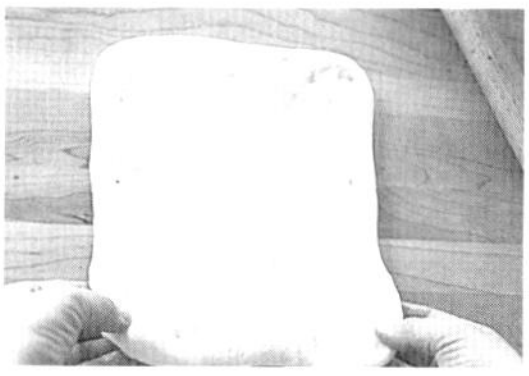
2　手でおおむね四角に伸ばす。生地の角は手で引き出す

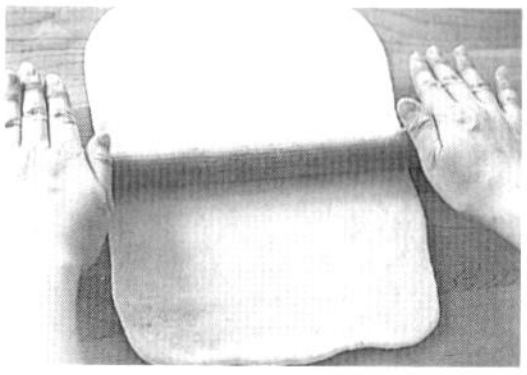
3　だいたい形ができたら麺棒で厚みと大きさをととのえる

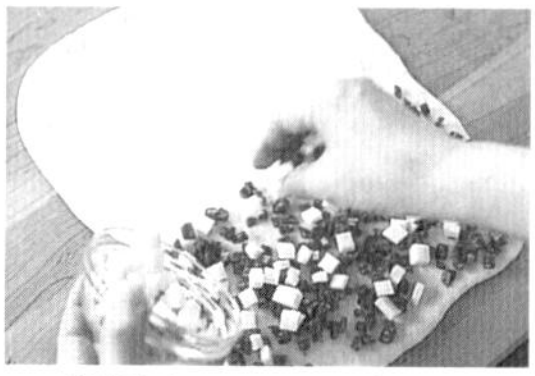
4　手前半分にフィリングを均等に散らす

5　麺棒を転がしてフィリングと生地をなじませる

6　生地をかぶせる。このあともう一度麺棒をかけ、なじませる

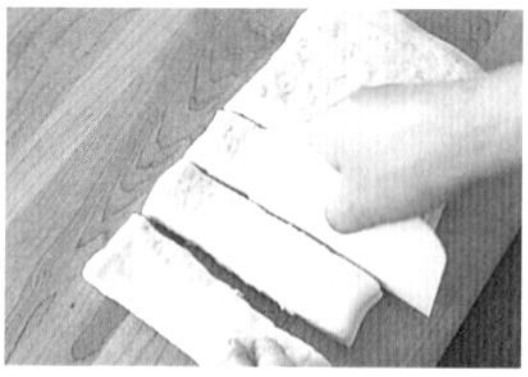
7　カードで押し切るように6分割する

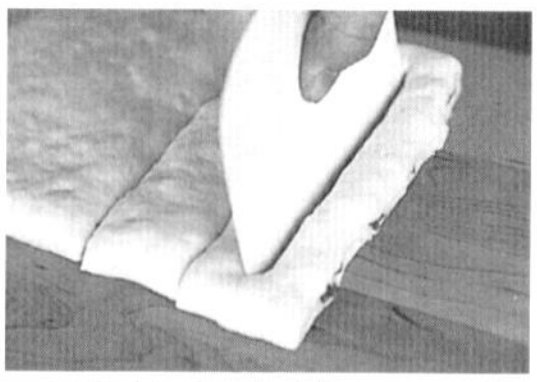
8　真ん中にカードを押しこみ、切りこみを入れる

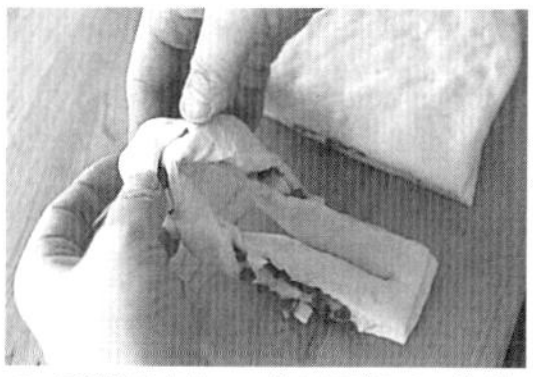
9　手綱こんにゃくの要領で、生地をくぐらせる

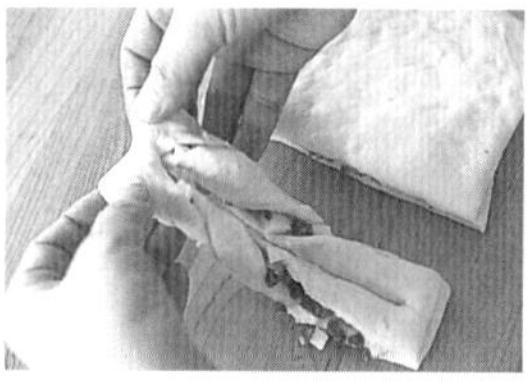
10　2回くぐらせて形をととのえる

11　最終発酵後、マヨネーズを絞り、焼成

バリエ チョコチップスティック

ココア生地をベースにチョコチップとアイシングで、ちょっと甘めなおやつパンに。
ココアパウダーは、砂糖やミルクの入っていないものを。
黒砂糖が固まっているときは、分量の牛乳に溶かして使います。

チョコチップ ○

融点が高く、オーブンで焼いても溶けにくいタイプ。水玉のように散ったつぶつぶチョコが、目でも食感でも楽しめます。パンだけでなくクッキーやマフィンなど、普段使いのお菓子にもよく使うので常備しています。

材　料	配合(%)	6本	メモ
スーパーカメリヤ	90	180g	
ココアパウダー	10	20g	
黒砂糖（粉末）	10	20g	
天然塩	1.5	3g	
バター	10	20g	
インスタントドライイースト	1.5	3g	
牛乳	75	150g	
チョコチップ	20	40g	
（仕上げ用）			
粉糖	30	60g	
牛乳	5	10g	

●1次発酵……50～60分
●最終発酵……20分
●焼成……180℃10～12分

作り方

1　粉にココアが加わるが生地作りの要領は基本のリッチ生地と同じ。1次発酵後、縦30㎝横25㎝の四角に伸ばす。
2　生地の手前半分にチョコチップを均等に散らし、麺棒を転がしてなじませる。あとはサラミチーズスティックの要領で成形し、天板に並べる。
3　かたく絞ったふきんをかぶせ、あたたかいところで最終発酵後、オーブンで焼く。粉糖と牛乳を合わせてとろりとしたアイシングを作る。小袋に詰め端を小さく切り落とし、斜めにかける。

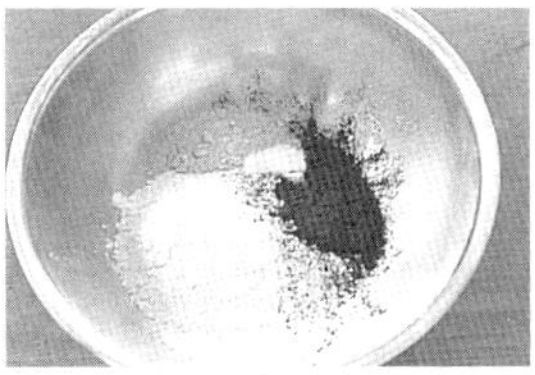

1　ココアパウダーを粉と一緒に混ぜてミキシングする

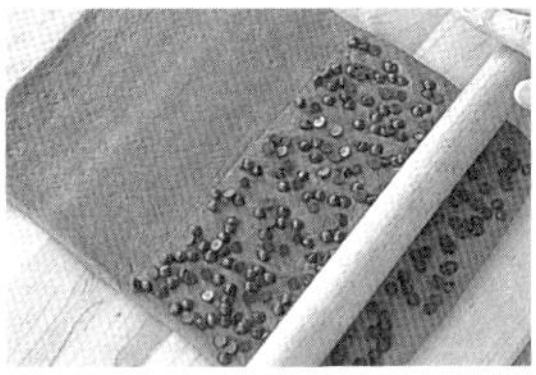

2　チョコチップを散らし、麺棒を転がしなじませる

3　手綱型に成形し、最終発酵

4　焼きあがったら3個ずつ寄せてアイシングをかける

バリエ プレーンスティックのメープルバター添え

基本のリッチ生地をシンプルに。あたためたメープルシロップにバターを溶かし、
焼きたてをひたしながらいただくのがイチオシ。

材　料（6本）

基本のリッチ生地全量、メープルシロップ、有塩バター適宜
●1次発酵……50～60分
●最終発酵……20分
●焼成……180℃10～12分

1次発酵終了後の生地を15×25㎝に伸ばす

作り方

1　1次発酵のすんだ基本のリッチ基本生地を縦15㎝横25㎝の四角に伸ばす。
2　縦に6分割し、中央にカードで切りこみを入れ、手綱型に成形する。
3　かたく絞ったふきんをかぶせ、あたたかいところで最終発酵後オーブンで焼く。
4　焼きたてのあたたかいところを2つに割り、あたためたメープルシロップに有塩バターを浮かせたものを添え、ひたしながら食べる。

ベーグルを焼こう

つやつやと光沢を放つベーグル。ひところの流行は落ち着いてすっかり定着した感がありますね。特徴は焼成前の生地をゆでるというプロセス。表皮が固められるので生地の膨張がおさえられ、みっちりと目の詰まった噛みごたえのあるクラムになります。

ここでは、定番にしたいプレーンとライ麦、4種のバリエ、ホシノ丹沢酵母の7種のベーグルを紹介します。専門店にまかせるのはもったいない。ぜひ手作りで、プロセスを楽しみ、焼きたての香ばしさともちもち感を十分に味わってくださいね。

プレーンベーグル＆
ライ麦ベーグル

プレーンベーグル

材　料	配合(%)	4個	メモ
スーパーカメリヤ	100	200g	
きび砂糖	2.5	5g	
天然塩	1.5	3g	
EXヴァージンオリーブオイル	1	2g	
インスタントドライイースト	1	2g	
水	55	110g	

- ミキシング……10分
- フロアタイム……30分
- ベンチタイム……10分
- 最終発酵………20～30分
- ケトリング……片面30秒ずつ
- 焼成……190℃10～12分

ライ麦ベーグル

粉の一部がライ麦粉になる。作り方はプレーンと同じ。

材　料	配合(%)	4個	メモ
スーパーカメリヤ	80	160g	
細挽きライ麦粉	20	40g	
きび砂糖	2.5	5g	
天然塩	1.5	3g	
EXヴァージンオリーブオイル	1	2g	
インスタントドライイースト	1	2g	
水	55	110g	

作り方

1 基本生地の要領（p20）で生地を作る。基本生地のバターを入れるタイミングでオリーブオイルを加える。かための生地なので力を入れてしっかりこねる。

2 なめらかになったら、丸めてボウルに戻し、ビニール袋をかぶせ30分室温で休ませる。これをフロアタイムという。1次発酵のように大きくふくらまなくてもよい。

3 4分割し、軽く丸めてベンチタイム。

4 閉じめを上にむけ、麺棒で楕円形に伸ばす。3つ折りにして上下を合わせしっかり閉じる。軽く転がして20cmの棒状にする。一方の端をつぶしたところへ、もう一方の端を1回ひねりながらのせ、くるむようにしっかり閉じてリング状にする。

5 かたく絞ったふきんをかけて、あたたかいところでひとまわり大きくなるまで最終発酵。

6 大きな鍋に1.5ℓの湯を沸かし、砂糖50g（分量外）を加え、静かに沸騰を続ける程度に火加減を調節する。

7 生地を表が下になるように湯に入れる。30秒で静かに返しさらに30秒ゆでたら、網杓子ですくいあげ、クロスの上において水気を切る（このとき上をむいている面が生地の表になる）。このプロセスをケトリングという。

8 天板に並べ、オーブンで焼く。

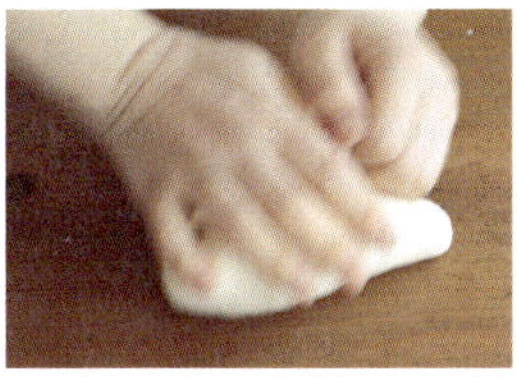

1 水分の少ない生地なので、力を入れてしっかりこねる

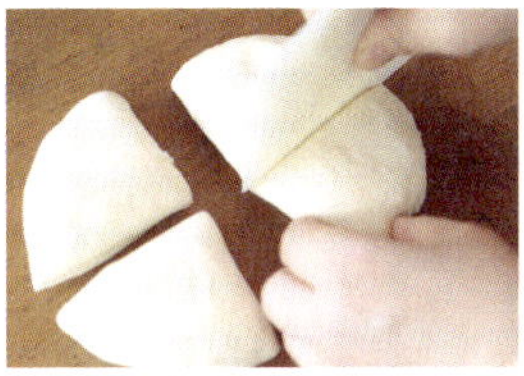

2 フロアタイム後、4分割

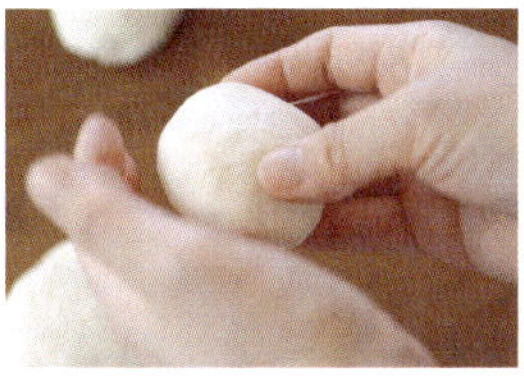

3 軽く丸めてベンチタイム

4 閉じめを上にして楕円に伸ばす

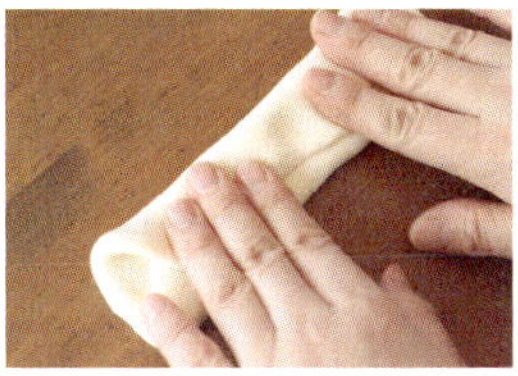

5 きっちりと3つ折りにして

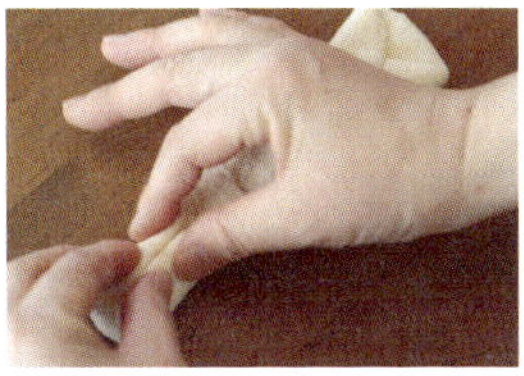

6 上下を合わせて棒状に

7 全部の指に均等に力を入れて転がす

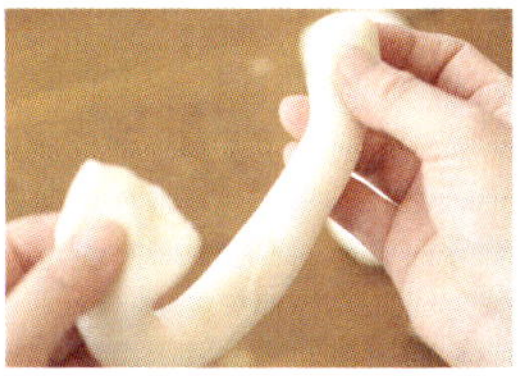

8 端をつぶしもう一方の端をひねりながらのせる

9 くるみこんでしっかり閉じる

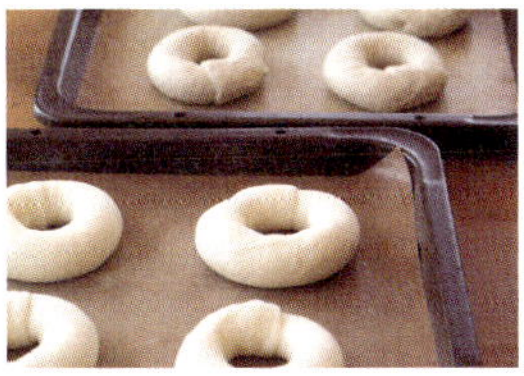

10 ひとまわり大きくなるまで最終発酵

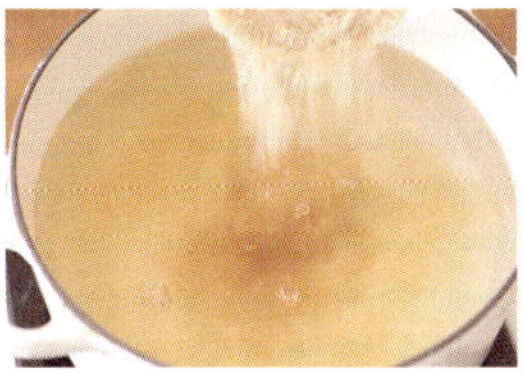

11 湯1.5ℓを沸かし、砂糖50gを加える

12 生地の表側を下（水面側）になるように入れる

13 片面30秒ずつゆでて網杓子ですくいあげる

14 クロスで水気を切り、天板に並べ焼成

成形の裏技

4分割した生地の切り口を上にむけておき、そこに麺棒をあてて一気に楕円に伸ばす。ベンチタイムをとらなくても成形ができる。

1

2

バリエ 作り方はプレーンベーグルと同じ。
ポイントのみ書きます。
オリーブオイル2g=小さじ½です。

トマト&チーズベーグル

材　料	配合(%)	4個	メモ
スーパーカメリヤ	100	200g	
きび砂糖	2.5	5g	
天然塩	1.5	3g	
イタリアンハーブミックス	0.5	1g	小さじ1
EXヴァージンオリーブオイル	1	2g	
インスタントドライイースト	1	2g	
トマトジュース	60	120g	
ピザ用チーズ	40	80g	
イタリアンパセリ		適宜	仕上げ用

作り方

1 生地…粉にハーブを加え、トマトジュースでこねる。

2 成形…生地を結んで両端をつなぐ。ケトリング後、チーズをのせて焼く。パセリを飾る。

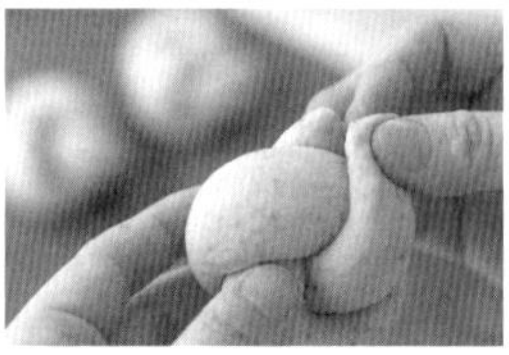

1 棒状にした生地をひと結びしたあと両端をくっつける

2 ケトリング後、チーズをこんもりとのせて焼成

ごま&豆乳ベーグル

材　料	配合(%)	4個	メモ
スーパーカメリヤ	100	200g	
きび砂糖	2.5	5g	
天然塩	1.5	3g	
黒ごま	20	40g	
EXヴァージンオリーブオイル	1	2g	
インスタントドライイースト	1	2g	
豆乳	65	130g	

作り方

1 生地…ごまは粉と一緒に最初から混ぜ、豆乳でこねる。

2 成形…棒状にした生地を結ぶ。

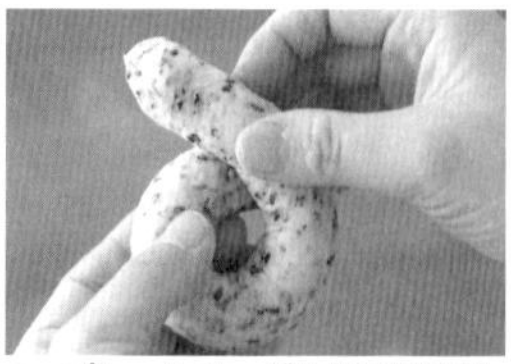

1 プレーンベーグルと同じ方法で生地を棒状にして

2 ひと結びして先端が少し見えるように出す

オニオンベーグル

材　料	配合(%)	4個	メモ
スーパーカメリヤ	100	200g	
きび砂糖	2.5	5g	
天然塩	1.5	3g	
ブルーポピーシード	2	4g	大さじ1
インスタントドライイースト	1	2g	
水	55	110g	
EXヴァージンオリーブオイル	1	2g	玉ねぎ炒め用
玉ねぎ	50	100g	
にんにく	3	6g	
粗挽き黒こしょう		適宜	炒め時に加える

作り方

1 生地…みじん切りの玉ねぎとにんにくをオリーブオイルで濃い茶色になるまでじっくり炒めたもの、ブルーポピーシードを加えこねる。オイルは玉ねぎ炒めに使い、生地のほうには直接入れない。

2 成形…棒状にした生地をねじってより合わせる。

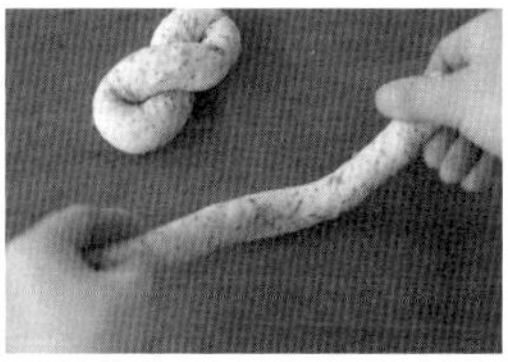

1 棒状にした生地の両端を持って反対方向にねじる

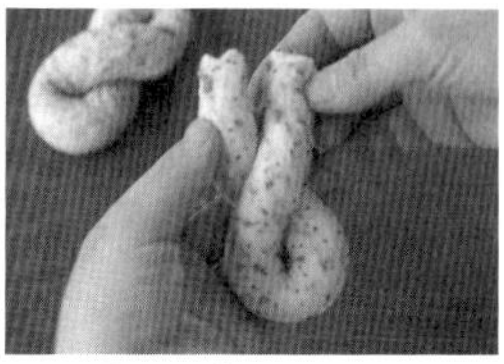

2 両端を近づけ生地をより合わせ、端をしっかり閉じる

りんご&シナモンベーグル

材　料	配合(%)	4個	メモ
スーパーカメリヤ	100	200g	
天然塩	1.5	3g	
シナモンパウダー	0.5	1g	小さじ½
EXヴァージンオリーブオイル	1	2g	
インスタントドライイースト	1	2g	
100%りんごジュース	57	114g	
干しりんご	40	80g	
100%りんごジュース	7.5	15g	りんご戻し用

作り方

1 干しりんごは7㎜角にカットしてりんごジュースにひと晩つけてやわらかく戻す。

2 生地…粉にシナモンを加え、りんごジュースでこねる。ジュースが甘いので、砂糖は配合しない。

3 成形…楕円に伸ばした生地にりんごを並べ、巻きこんで棒状にする。プレーンベーグルと同様にリングに。

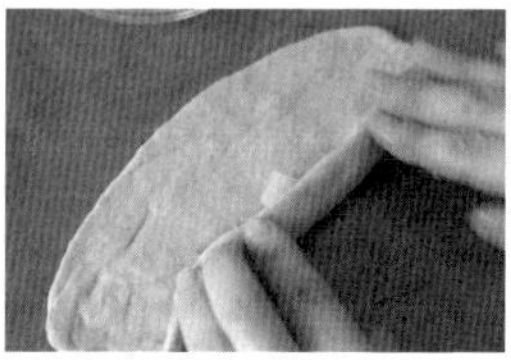

1 楕円に伸ばした生地に、戻したりんごを並べる

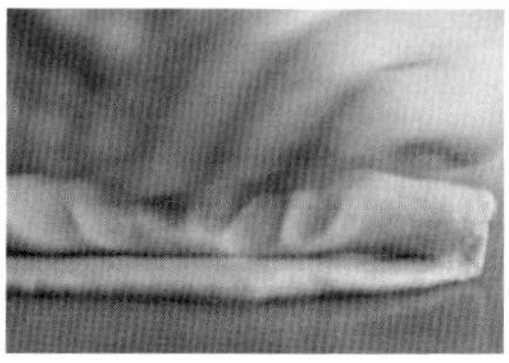

2 生地の中心に入るように巻きこみ、しっかり閉じる

トマト&チーズベーグル

ごま&豆乳ベーグル

オニオンベーグル

りんご&シナモンベーグル

ホシノ丹沢酵母のベーグル

ホシノ丹沢酵母と国産小麦で焼くプレーンベーグルが、私がいちばん好きなベーグルです。旨味がぎゅっと凝縮された生地、独特の芳香。ひと晩かける価値があります。

材　料	配合(%)	8個	メモ
はるゆたか	100	400g	
きび砂糖	2.5	10g	
天然塩	1.5	6g	
ホシノ丹沢酵母生種	5	20g	
水	45	180g	

- ミキシング……10分
- 1次発酵……8～12時間（室温により幅がある）
- ベンチタイム……10分
- 最終発酵……40～70分（室温により幅がある）
- ケトリング……片面30秒ずつ
- 焼成……190℃10～12分

1 最初に水をはかり、同じ計量カップに生種をはかりこむ

2 ボウル中でざっとまとめたら、台に出してこねる

3 1次発酵はひと晩かけて、じっくりと

4 生地を8分割

5 軽く丸めてベンチタイム、このあと、成形

作り方

1 ボウルに粉、きび砂糖、天然塩を入れ軽く合わせ、中央をくぼませる。水と生種を合わせたものを注ぎ、全体を合わせる（生種はp15）。

2 台に出してなめらかになるまで力を入れてよくこねる。丸めてボウルに戻し、ビニール袋をかぶせ、室温で1次発酵。2.5～3倍にふくらめばよい。時間は、室温により8～12時間（それ以上かかることもある）と幅があるので生地の様子をみて判断すること。

3 台に出し8分割して軽く丸め、かたく絞ったふきんをかけてベンチタイム。

4 プレーンベーグル（p30）と同様にリング型に成形。あたたかいところで1.5倍になるまで最終発酵。

5 砂糖を加えない湯でケトリング、水気を切って天板に並べ、オーブンで焼く。

にんじんのせん切りをドレッシングであえ、アボカドとはさむ

ベーグル配合（ベーカーズパーセント）早見表

	プレーン	ライ麦	ごま＆豆乳	オニオン	りんご＆シナモン	トマト＆チーズ	ホシノ＆はるゆたか

粉	100	80 ライ麦粉20	100	100	100	100	はるゆたか 100
きび砂糖	2.5	2.5	2.5	2.5		2.5	2.5
天然塩	1.5	1.5	1.5	1.5	1.5	1.5	1.5
EXヴァージンオリーブオイル	1	1	1	1 （玉ねぎ炒め用）	1	1	
インスタントドライイースト	1	1	1	1	1	1	ホシノ丹沢酵母生種 5
水	55	55	豆乳 65	55	りんごジュース 57	トマトジュース 60	45
オプション			黒ごま 20	玉ねぎ 50 にんにく 3 黒こしょう適宜 ブルーポピーシード 2	干しりんご40 シナモン0.5 りんごジュース 7.5	イタリアンハーブミックス 0.5 チーズ 40	

column **3**

配合早見表の話

パン作りの手順は意外とシンプルです。ほとんどの場合、計量→ミキシング（こねる）→1次発酵→分割→成形→最終発酵→焼成　という流れ。これに気づき「次、何をするんだっけ？」という不安から解放されたとき、パン作りはぐっとあなたの身近なものになるはずです。もちろん、中にはベーグルのようにケトリング（ゆでる）という変則的なプロセスが加わるレシピもありますが、流れさえ把握していれば、あわてずに組みこんでいけるはずですね。さらに何度も繰り返し作っているものは、分割数や成形の方法も覚えてしまいますから、最終的に必要なのは配合のみになります。実際、配合を見るためだけにレシピ本を開く方も多いのではないかしら？

そこでおすすめしたいのは、配合早見表の作成です。上の表はその一例。いかがですか。わかりやすいでしょう。ベーカーズパーセント（p16参照）で書いておくほうが、多くも少なくも、あなたが作りたい分量をすぐに算出できます。

さあ、あなたも、よく作るパンの配合（ベーカーズパーセント）を表にまとめ、冷蔵庫や、流しの上の収納扉など、見やすい場所に貼ってみませんか？　鉛筆の走り書きで十分ですよ。自分で書くことで、配合にも敏感になりますし、いちいちレシピ本をひっぱり出さなくもいいのですから、今まで以上にスピーディーなパン作りが実現することをお約束します。

「すくいっこレードル」水切れ抜群。クオカで購入

テイスティングセット。いろいろ食べたい気持ちも満足！

ライ麦ベーグルにはサーモンとクリームチーズがベスト

チェダーチーズをのせて軽くトースト。とろーりあつあつ

あったか冬のおやつ

空気が冷たくなったころ、わが家の週末のお昼には中華まんが頻繁に登場するようになります。手作り生地に手作りの肉あんを包んでいくのは楽しい作業。せっせと20個以上は包むでしょうか。たくさん作って、好きなだけ食べるのがわが家流なのです。ここで紹介する5種の中華まんの生地はすべて共通です。余裕があれば何種か組み合わせると、おいしさもうれしさも倍増ですね。たっぷりの湯気の中から現れる、つややかでふっくらした中華まんは、冬の小さな幸せです。

シンプル肉まん

初めて中華まんを作るなら、まずはこれ。豚挽き肉と玉ねぎのシンプルかつジューシーな肉あんは、仕込みもラクで生地との相性も抜群。

中華まん共通生地

材　料	配合(%)	6個	メモ
スーパーカメリヤ	100	200g	
ベーキングパウダー	2.5	5g	
上白糖	10	20g	
天然塩	1.5	3g	
サラダ油	4	8g	
インスタントドライイースト	1.5	3g	
水	55	110g	

肉あん

材　料	6個
豚挽き肉	100g
玉ねぎ	100g
しょうが	1片
上白糖	小さじ1
天然塩	小さじ½
酒	小さじ1
しょうゆ	小さじ1
ごま油	小さじ1
片栗粉	大さじ½

- ミキシング……10分
- 1次発酵……50〜60分
- ベンチタイム……10分
- 最終発酵……20分
- 蒸す……強火20分

準備　クッキングペーパーを7㎝角にカットしておく。（お弁当用の耐熱性紙カップでもよい）

作り方

1　ボウルに粉、上白糖、天然塩、ベーキングパウダーを入れ軽く合わせ、中央をくぼませ人肌にあたためた水を注ぎ、イーストをふり入れる。イーストをなじませたらまわりの粉と合わせ、サラダ油を加え全体を合わせる。

2　生地がひとかたまりになったら台に出し、しっかりこねる。なめらかになったら丸めてボウルに戻し、ビニール袋をかぶせ、あたたかいところで1次発酵。

3　2倍になったら台に取り出し、6分割。軽く丸め、かたく絞ったふきんをかけてベンチタイム。

4　閉じめを上にして、中央を厚め、周囲を薄めの円形に伸ばし、中央に肉あんをのせる。生地の手前と奥、右と左をあんの上でしっかり閉じる。4つの角のようになるところを1つに合わせ、軽くひねる。クッキングペーパーの上にのせる。

5　あたたかいところで最終発酵（＊）。1.5〜1.7倍にふくらめばよい。オーブンで焼くパンより、発酵を控えめにしたほうが、ピンと張りがでて形よく蒸しあがる。

6　あらかじめ湯を沸かしておいた蒸し器で、強火で蒸す。

（＊）最終発酵の工夫…私は蒸し器の下段に50〜60℃の湯を入れ、その上で生地を入れた上段をのせて発酵させている。ほどよく発酵したら一度はずし、下段の湯を沸騰させ、上段を戻し蒸し始める。

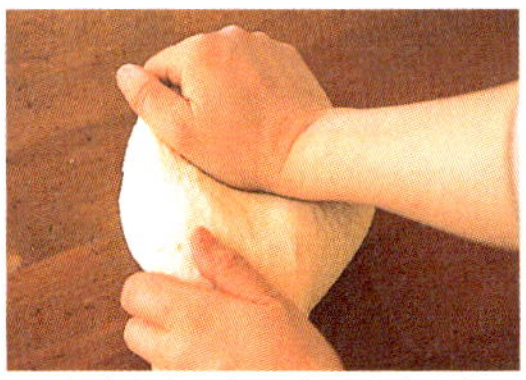

1　なめらかになるまで力を入れてしっかりこねる

2　1次発酵後6分割。軽く丸めてベンチタイム

3　円形に伸ばす。初心者は少し大きめに伸ばすと包みやすい

4　肉あんを中央にのせる

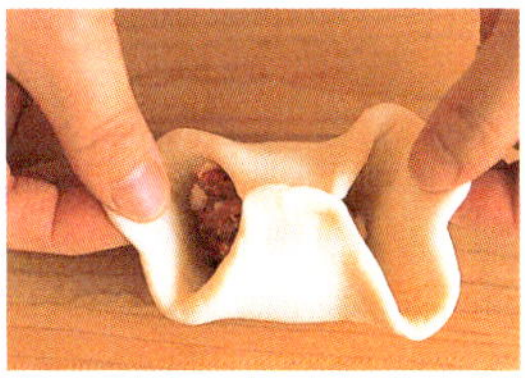

5　上下の生地を閉じ、左右もしっかり合わせる

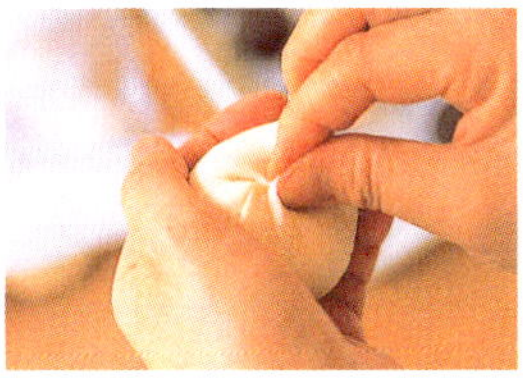

6　4つの角を中央で合わせ、軽くひねる

7　上級者は生地をかまえ、あんをへらで押しこみ、口を閉じる

8　強火で20分蒸す。蒸したてはふっくらつやつや

肉あんの作り方

玉ねぎはみじん切り、しょうがはよく洗ってすりおろす。材料を全部ボウルに入れ、ねばりがでるまでよく混ぜる。バットに平らにならし、6等分の目安をつけておく。

1　材料をそろえる

2　ねばりがでるまでよく混ぜる

3　カードで目安をつけておく

あんまん

甘いものはちょっとあると
うれしいから、
こぶりに仕上げます。

- ミキシング……10分
- 1次発酵……50～60分
- ベンチタイム……10分
- 最終発酵……20分
- 蒸す……強火10～15分

材　料（8個）

中華まん共通生地全量
こしあん　200g

1 こしあんは丸められるかたさのものを

2 生地を伸ばして、中央にあんをのせる

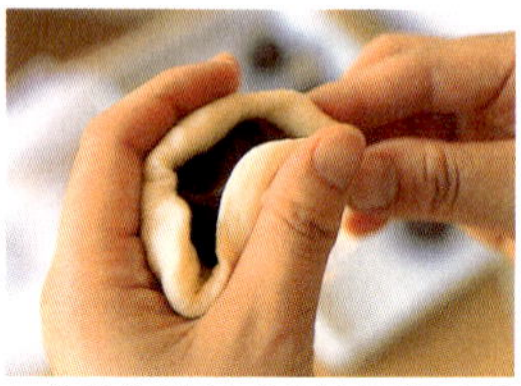

3 生地を周囲からせりあげるように包む

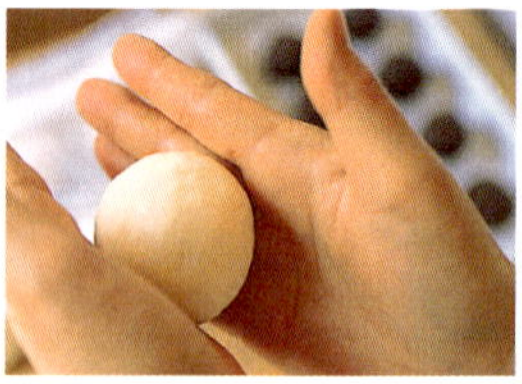

4 しっかり閉じて、腰高に形をととのえる

準備　こしあんを8等分して丸めておく。クッキングペーパーを6cm角にカットしておく。（お弁当用の耐熱性紙カップでもよい）

作り方

1. 肉まんを参照して生地を作り、1次発酵後、8分割。軽く丸め、かたく絞ったふきんをかけてベンチタイム。
2. 生地の閉じめを上にして中央を厚めに、周囲を薄めの円に伸ばし、あんをのせ包む。閉じめを下にしてクッキングペーパーにのせる（カップに入れてもよい）。
3. あたたかいところで最終発酵し、強火で蒸す。

バリエ　チョコまん　子どもが大好き。とろけたチョコともっちり生地がおいしい。

1次発酵のすんだ生地を12分割し、ひと口チョコを包み、カップにのせ最終発酵。強火で10分蒸す。

材　料（12個）

中華まん共通生地全量、ひと口大チョコ12個

1
ひと口チョコを包む

2
とろりとしたあたたかなチョコを味わって

豚角煮まん

豚肩ロースとたけのこをこっくり煮こんだ甘辛のあんは、コクもボリュームもいうことなし。とくに若い方や男性には喜ばれることうけあいです。

- ミキシング……10分
- 1次発酵……50～60分
- ベンチタイム……10分
- 最終発酵……20分
- 蒸す……強火15分

材　料（6個）

中華まん共通生地全量
豚角煮あん

豚角煮あん（2倍量で作る）

材　料	2倍量
豚肩ロース肉	500g
たけのこ水煮	180g
しょうが	1片
上白糖	40g
酒	100mℓ
しょうゆ	50mℓ
みりん	大さじ2
長ねぎ（白いところ）	30g

1 圧力鍋は調理が早い。なければ普通の鍋でゆっくりと

2 バットにならし、目安をつけておく

3 生地の周囲にあんをつけないよう気をつけて包む

準備　クッキングペーパーを7cm角にカットしておく。（お弁当用の耐熱性紙カップでもよい）

作り方

1. 肉まんを参照して生地を作り、1次発酵後、6分割。軽く丸め、かたく絞ったふきんをかけてベンチタイム。
2. 肉まんの要領で、生地で角煮あんを包み、クッキングペーパーにのせる。
3. あたたかいところで最終発酵し、強火で蒸す。

豚角煮あんの作り方（2倍量で作り、半分を使用）

圧力鍋に1cm角の豚肩ロース肉、せん切りのしょうが、上白糖、酒、しょうゆを入れる。ふたを閉め、強火で5分加熱後、10分蒸らす。ふたを開けて、粗みじん切りのたけのこ、みりんを加え、水分がなくなるまで煮詰める。火を止め刻んだ長ねぎを加え、よく混ぜて半量をバットに平らにならし、6等分の目安をつける。前日に作って冷蔵庫に入れておくと、脂分がほどよく固まって包みやすくなる。
圧力鍋がない場合は、普通の鍋で、焦げつかないように水（分量外）を適宜足し、肉がやわらかくなるまで煮こむ。余った角煮あんは、ご飯にのせたり、レタスで包んで食べる。

バリエ　角煮どんぶり

あたたかいご飯に、あたためた角煮をのせて、万能ねぎの小口切りをたっぷりと。

餃子まん

蒸しあがったあと、こんがり焼きつけることで香ばしさが増します。あんはいつものご家庭の味でもいいですね。

- ミキシング……10分
- 1次発酵……50〜60分
- ベンチタイム……10分
- 最終発酵……20分
- 蒸す……強火20分

材　料（8個）

中華まん共通生地全量
餃子あん

餃子あん

材　料	8個
豚挽き肉	90g
キャベツ	50g
玉ねぎ	50g
ニラ	50g
しょうが	1片
にんにく	1片
上白糖	小さじ1
天然塩	小さじ½
酒	小さじ1
しょうゆ	小さじ1
ごま油	小さじ1
片栗粉	大さじ½

餃子あんの作り方

キャベツは粗みじん切りにして塩（分量外）少々をふってもみ、かたく絞る。玉ねぎはみじん切り、ニラは小口切り、にんにくとしょうがはすりおろす。すべての材料をボウルに入れ、ねばりがでるまでよく練る。バットにならし8等分の目安をつける。

準備　クッキングパーパーを7cm角にカットしておく。

作り方

1. 肉まんを参照して生地を作り、1次発酵後、8分割。軽く丸め、かたく絞ったふきんをかけてベンチタイム。
2. 閉じめを上にして、中央を厚めに、周囲を薄めの円形に伸ばし、中央に餃子あんをのせる。生地の手前と奥を合わせ、その左右から2つずつひだを寄せ、餃子の形にしてクッキングペーパーの上にのせる。
3. あたたかいところで最終発酵し、強火で蒸す。
4. フライパンにサラダ油、ごま油（分量外）を適宜ひいて、蒸しあがった餃子まんの底をこんがりと焼く。酢じょうゆ、ラー油などを添えて食べる。

1 材料をそろえる

2 ねばりがでるまでよく混ぜる

3 バットにならし、8等分の目安をつける

4 伸ばした生地の中央にあんをのせる

5 餃子のようにひだを寄せる

6 蒸しあがったら、底をこんがりと焼きつける

column **4**

中華まんを楽しもう

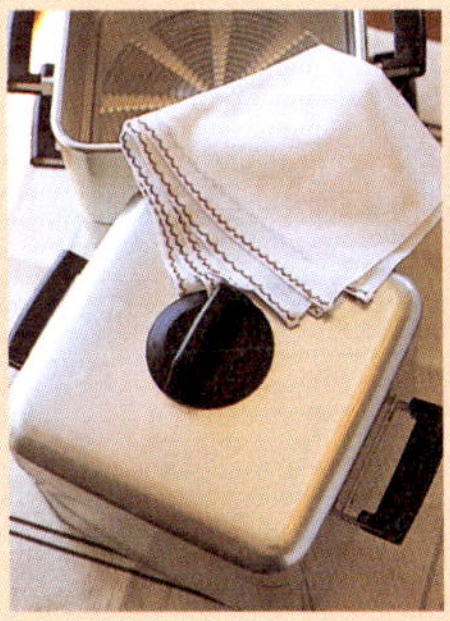

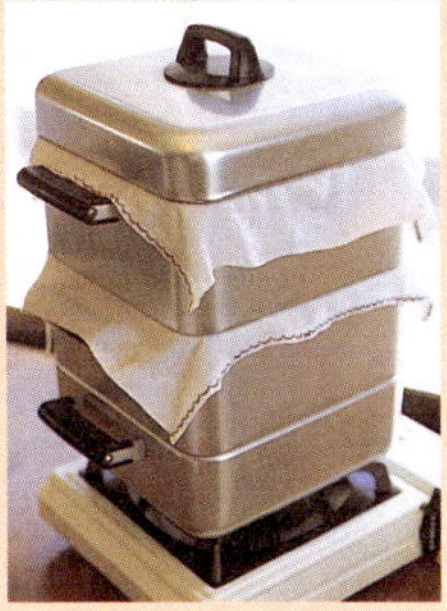

蒸し器、ふきん……中華まん作りには、蒸し器、または蒸籠（せいろ）は必須アイテム。わが家の蒸し器は3段式。下段で湯を沸かします。2段一度に蒸すことができるので、作る量が多いわが家ではとても重宝していますが、少人数家族には大きいかもしれません。家族の人数に合ったサイズを選ぶとよいでしょう。ふきんはさらしを愛用。しずくが滴るのを防ぎます。かたく絞り、たるまないよう、ふたにはさみます。
せっかく蒸し器、蒸籠を持っているのに、収納庫の奥深くにしまいこんでいる方も多いとか。「使ってみたいけど出すのがおっくう……」。もったいないことです。「蒸す」という調理法は栄養分を損ねず、とてもヘルシー。また、蒸しパン、蒸しプリンもおいしく作れますし、市販の中華まんだって、電子レンジではなく、たっぷりの湯気で蒸したほうが何倍もおいしくなるのです。まずは蒸し器を取り出しやすいところに移して、普段の調理にも活用してみましょう。

トング……蒸したてあつあつの中華まんを取り出すとき、トングが大活躍です。火傷の心配もなく、形を崩さず、しっかりはさんで皿に移すことができます。

敷き紙……蒸し器にくっつかないようにするために、成形後の中華まんの下に紙を敷きますが、私はお弁当おかず用のペーパーカップを利用しています。サイズも豊富、色もさまざまなので具が違う場合の目印にもなり、とても便利です。ただし、これらのカップは普段使いにはいいのですが、色柄がカジュアルすぎる傾向があり、おもてなしのときや、食卓の雰囲気、盛りつける器によっては「ちょっと合わないなぁ」と感じることも。そういうときは、無地のクッキングペーパーを6～7cm角に切って使うようにしています。

ベーキングパウダー……私が作る中華まんの生地はイーストとベーキングパウダーを併用しています。イーストだけでも生地はふくらみますが、ベーキングパウダーを入れたほうが、生地のきめや張りがよくなり、上方向への勢いがでて、形も食感もいっそうよくなるような気がします。愛用のベーキングパウダーは明治屋で購入。缶のデザインが大好き。

包む……点心のお店や中華街で目にする中華まんの美しいひだにあこがれるのですが、じつは私はひだを寄せるのが苦手。そういうわけで今回のレシピにもひだを寄せるテクニックは書いていません。むしろ、絶対に口が開かないよう、しっかり閉じる確実な方法を紹介しました。閉じる部分の生地にあんの油分が付着しないよう、最初のうちは少し大きめに生地を伸ばすとやりやすいでしょう。この包み方、素朴でなかなかいい表情を出してくれるんですよ。
おうちで作る中華まんは、生地とあんの旨味で勝負です。多少いびつでも、あんがかたよっていても気にしない。できたてをハフハフ言いながらほおばれる幸せを満喫してくださいね。

味わいゆたかに、食事パン

黄金色の香ばしいクラストは、野菜たっぷりのスープにぴったり。ざくざくカットして卓上のバスケットにほうりこみます。この無造作な感じがおうちっぽくて、私の好きな風景なのです。基本のリーン生地を応用した3種のシンプルなパン、ホシノ丹沢酵母と国産小麦のもっちりバターロール、どれもしみじみゆたかな味わいです。

バゲット風

バゲット風

基本のリーン生地から砂糖とバターを減らし、
フランスパンのバゲットのような成形で、香ばしく焼きあげた食事パンです。
イーストが1%なので発酵はゆっくりですが、
そのぶんじっくり熟成され旨味が引き出されます。油脂が少ない生地は、
リッチ系の生地に比べると伸展性が低いため、焼成中に表皮が裂けることがあり、
それを防ぐためにクープ（切りこみ）を入れます。クープは内部の圧力を外に逃がし、
均等に生地をふくらませて、ほどよく水分の飛んだ軽いパンにしてくれるほか、
デザインとしての役割も担います。

断面に大小の気泡があれば大成功

材　料	配合（%）	バゲット風2本	メモ
リスドォル	100	200g	
きび砂糖	1	2g	
天然塩	2	4g	
バター	1	2g	
インスタントドライイースト	1	2g	
水	63	126g	
（仕上げ用）			
強力粉、ショートニング		適宜	

- ミキシング……10分
- 1次発酵……80分→パンチ→40分
- ベンチタイム……15分
- 最終発酵……30～40分
- 焼成……200℃15分

作り方

1 基本のリーン生地の要領で生地を作る。（p20）
2 あたたかいところで1次発酵。2倍にふくらんだらパンチ（p8）、丸めなおして再び2倍になるまで発酵を続ける。
3 生地を台に取り出し2分割し、ガスを抜きすぎないようそっと丸めて、かたく絞ったふきんをかけてベンチタイム。
4 生地の閉じめを上にむけ、手で軽くつぶす。手前から⅓くらいまで折って押さえ、さらに⅔まで折って押さえる。最後まで巻き、しっかり閉じてから、軽く転がして25㎝の棒状にする。巻くときのポイントは、ガスをかかえた生地をつぶさないようにしながら、締めるところはきちんと締めるということ。
5 成形した生地を天板にのせ、かたく絞ったふきんをかけ、あたたかいところで最終発酵。
6 2倍にふくらんだら、茶こしで軽く粉をふる。よく切れるナイフをさっと水でぬらし、生地の上をすーっと引くようにして、深さ5㎜くらいのクープを3本入れる。クープは斜めと思って入れると、かなり極端に斜めになってしまう。斜めに入ったクープは短く、開きにくくなり、見た目もよくない。直線を意識し、縦・縦・縦と入れていくイメージで。3本が始まりと終わりでわずかに重なるようにする。クープを開きやすくするためショートニングを細く絞り出す。
7 オーブンで焼く（このパンはバゲット風の成形にしているが、基本のリーン生地の延長であり、本格的なフランスパンではないので蒸気をたてずに焼く）。

1 1次発酵後、生地を台に出し2分割、丸めてベンチタイム

2 ふくらみをつぶさず、締めるところは締めるのがポイント

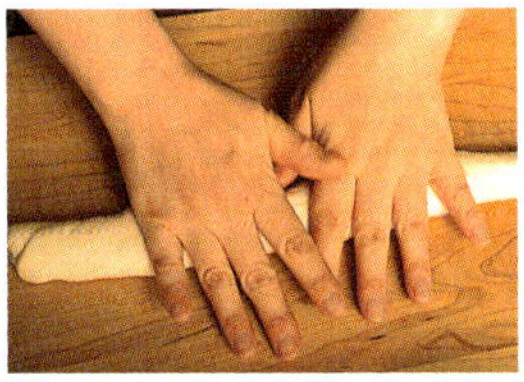

3 両手をあてて均等に力をかけて転がし、長さを出す

4 天板にのせて最終発酵。1枚の天板に2本のせてもよい

5 クープは縦のラインを意識して、3本入れる

6 クープにショートニングを少量絞る

ショートニング

ショートニングは無味無臭の植物性油脂。型に塗ったり、クープを開きやすくするために使う。クープ用には小袋に入れ、先端を細く切ったものを用意しておくと便利。

ガーリックフィセル

焼成前と焼成中の2回にわけて
ガーリックバターをのせるのがポイント。
バゲット風と共通生地で4本分ですが、
バゲット風1本、ガーリックフィセルを2
本と作りわけてもいいでしょう。

1 ガーリックバターを作り、小袋に詰めて先端を細く切り落とす

2 生地の中央にクープを1本入れる

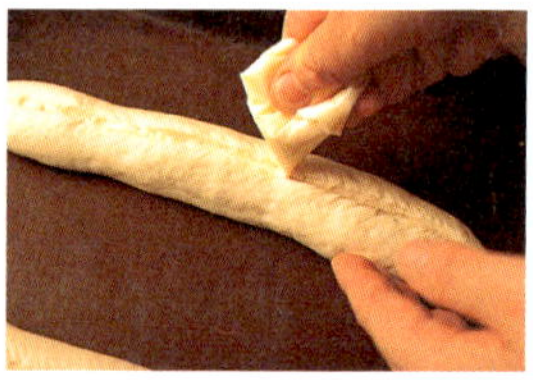

3 ガーリックバターを絞って焼成。途中でもう一度のせる

材　料（4本）
バゲット風の生地全量
有塩バター　30g
にんにく　½片
パセリのみじん切り　適宜

●ミキシング……10分
●1次発酵……80分→パンチ→40分
●ベンチタイム……10分
●最終発酵……20～30分
●焼成……200℃8分→追加のバター→5分

準備　にんにくを目の細かいおろし金ですりおろす。やわらかくした有塩バターと混ぜ合わせ、ガーリックバターを作る。小さな袋に入れ、端を細く切り落とす。

作り方

1　バゲット風と1次発酵終了まで同様に。生地を4分割し軽く丸め、かたく絞ったふきんをかけ、ベンチタイム。
2　生地の閉じめを上にむけ、手で軽くつぶす。手前から⅓くらいまで折って押さえ、さらに⅔まで折って押さえる。最後まで巻き、しっかり閉じてから、軽く転がして20㎝の棒状にする。
3　天板にのせ、かたく絞ったふきんをかけ、あたたかいところで最終発酵。
4　2倍にふくらんだら、よく切れるナイフを軽く水でぬらし深さ5㎜くらいのクープを中央に1本入れる。ガーリックバターをクープに沿って絞り入れる。
5　オーブンで焼く。8分焼いたら手早く残りのガーリックバターをクープに絞り、あと5分焼く。焼きあがりにパセリを散らす。

オリーブのミニバゲット

バゲット風の生地に
ブラックオリーブを練りこみました。
オリーブのコクと塩味がきいた大人の味わい。
オリーブが好き！という方におすすめします。

1 カードで切りこむようにオリーブを練りこむ

2 4分割して軽く丸め、ベンチタイム

3 円形につぶして手前から巻いていく

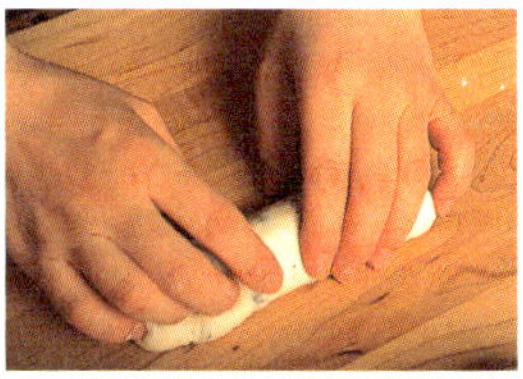

4 ガスを抜きすぎないようやさしく扱う

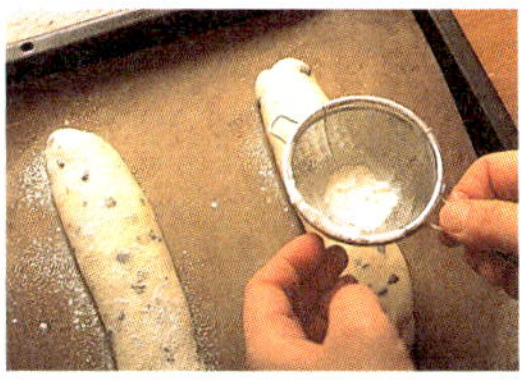

5 最終発酵後、お化粧用の粉を茶こしでふる

6 クープを2本入れ、ショートニングを絞る

材　料	配合(%)	4本	メモ
リスドォル	100	200g	
きび砂糖	1	2g	
天然塩	2	4g	
EXヴァージンオリーブオイル	2	4g	
インスタントドライイースト	1	2g	
水	63	126g	
ブラックオリーブ	15	30g	
(仕上げ用)			
強力粉、ショートニング		適宜	

- ミキシング……10分
- 1次発酵……80分→パンチ→40分
- ベンチタイム……10分
- 最終発酵……20～30分
- 焼成……200℃10分

準備

オリーブはペーパータオルで押さえてから粗みじん切りにする。

作り方

1 バゲット風と生地作りは同様に。だいたいこねあがったら、ブラックオリーブを加える。カードで切りこむようにして生地になじませる。丸めて1次発酵。(途中でパンチ)
2 生地を4分割し、軽く丸め、かたく絞ったふきんをかけ、ベンチタイム。
3 生地の閉じめを上にむけ、手で軽くつぶす。手前から⅓まで折って押さえ、さらに⅔まで折って押さえる。最後まで巻き、しっかり閉じて18㎝の棒状にする。
4 天板にのせ、かたく絞ったふきんをかけ2倍になるまで最終発酵。
5 軽く粉をふり、深さ5㎜くらいのクープを2本入れる。ショートニングを絞り入れ、オーブンで焼く。

ホシノ丹沢酵母のバターロール

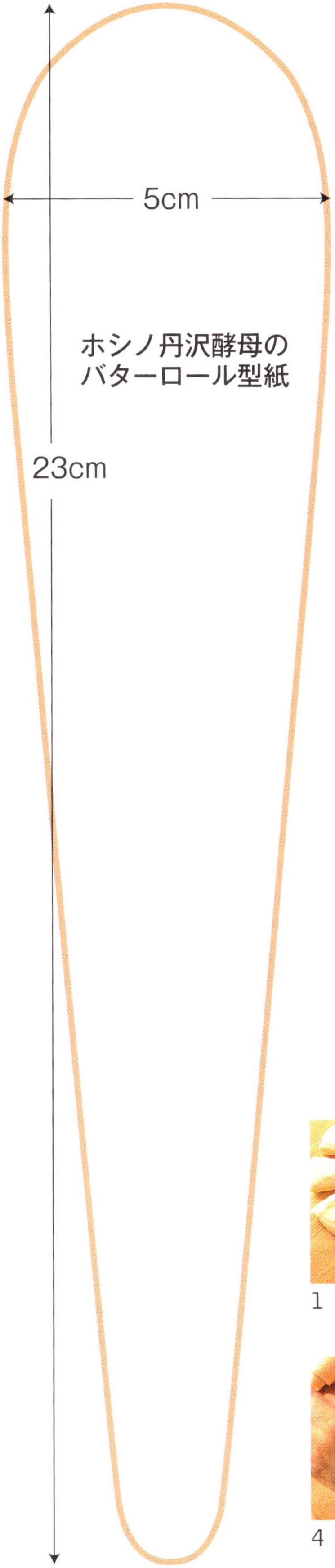

ホシノ丹沢酵母のバターロール

バターロールというとふわふわのイメージがありますが、これはむっちりとはね返すような弾力。ホシノ独特の芳香も魅力です。ホシノと国産小麦の生地はデリケート。イースト生地より意識してやさしく扱いましょう。
とくに巻くときは生地に負担をかけないよう、空気の層を1枚はさむような気持ちでふんわりと巻きます。全卵は牛乳で置き換えても。
その場合はつや出しも必要ありません。

材　料	配合(%)	12個	メモ
はるゆたか	100	400g	
きび砂糖	10	40g	
天然塩	1.5	6g	
全卵	10	40g	
バター	10	40g	
ホシノ丹沢酵母生種	5	20g	
牛乳	40	160ｇ	
（仕上げ用）			
残りの全卵		適宜	

- ミキシング……15分
- 1次発酵……8～12時間（室温により幅がある）
- ベンチタイム……10分
- 最終発酵……60～90分（室温により幅がある）
- 焼成……180℃10～12分

卵を使わない場合は、牛乳の配合（%）を40→50に増やし、仕上げのつや出しも塗らずに焼きあげる。

作り方

1. ボウルに粉、きび砂糖、天然塩を入れ軽く合わせ、中央をくぼませる。人肌にあたためた牛乳と生種を合わせたもの、溶いた全卵を注ぐ。周辺の粉となじませたらやわらかいバターを加え、全体をひとつにまとめる（生種はp15）。
2. 台に出してなめらかになるまで力を入れてよくこねる。丸めてボウルに戻し、ビニール袋をかぶせ、室温で2.5～3倍にふくらむまで1次発酵。時間は、室温により8～12時間と幅があるので生地の大きさを見て判断する。
3. 台に出し12分割して軽く丸め、かたく絞ったふきんをかけてベンチタイム。生地をしずく型にして5分休ませ、麺棒で型紙の大きさに伸ばす。
4. 幅の太いほうから、鉛筆1本入るくらいの余裕をもって巻き始め、最後まで空気の層をはさむようなイメージでふんわりと巻く（最終発酵、焼成で、生地はさらにふくらむので、生地に十分な余裕をもたせる）。
5. 天板に並べ、あたたかいところで最終発酵（この生地は最終発酵時間が長く、ふきんをかぶせるとくっついてしまうことがある。p24のブランチタイムを参照して、表面の乾燥に注意しながら最終発酵させる）。
6. 残った全卵に小さじ1の水（分量外）を加えよく混ぜ、刷毛で生地の表面に薄めにむらなく塗る。
7. オーブンで焼く。

1 1次発酵のすんだ生地を台に出し、12分割

2 軽く丸めてかたく絞ったふきんをかぶせ、ベンチタイム

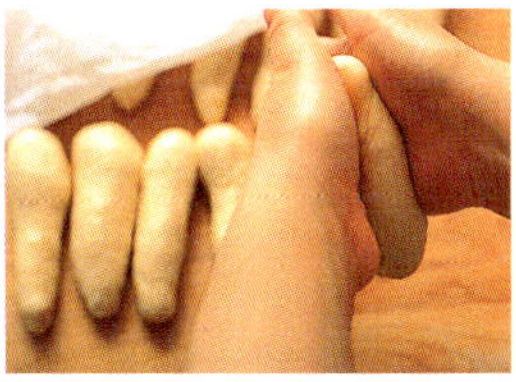

3 しずく型にして、さらに5分ほど休ませる

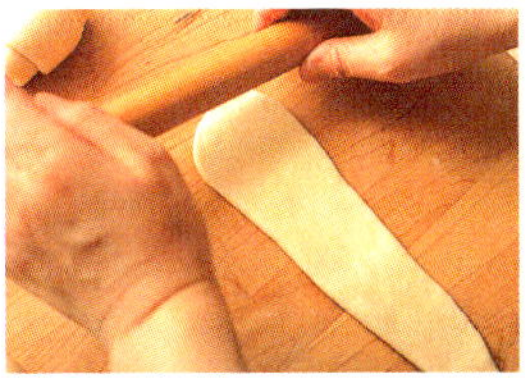

4 型紙のサイズに伸ばし、ゆったり余裕をもたせて巻く

5 天板に並べ、最終発酵

6 卵は薄くむらなく。塗り方が雑だと見栄えが悪くなる

column 5

あると便利な道具たち

おうちパンを作るとき、楽しむときに、
あると便利なイチオシのアイテムをいくつか紹介します。

ナイフ

ナイフは3本ともウェンガー社製の波刃。抜群の切れ味。生地にクープを入れたりパンをカットしたりと大活躍。

軍手

綿100％を2枚重ねにすれば、熱い天板をしっかり持てるし、焼きたてパンを網に移動するのもラクラク。

型の収納

型の収納庫はキッチンのすぐ近く。収納の秘訣は、段を細かくわけて重ねすぎを防止し、奥まで詰めこまないこと。いちばん使う食パン型は取り出しやすい位置でスタンバイ。

麺棒

生地の大きさ、作業スペースに合わせて使いわけたい。わたしは大40㎝、中29㎝、小20㎝の3本を愛用している。

ゴムべら、あんべら

ミニサイズのゴムべらは器に残ったバターや卵をきれいに集める。あんべらは生地にあんを詰める際に使いやすい。

カード

材料を合わせる、生地をこそげとる、分割するなど、パン作りには必須アイテム。2枚あると作業性がよい。

クラフト用ラッカー

ミニチュアパンをよく乾燥させたあと、まんべんなく吹きつける。乾いてから二度がけすれば、より美しく長もち。

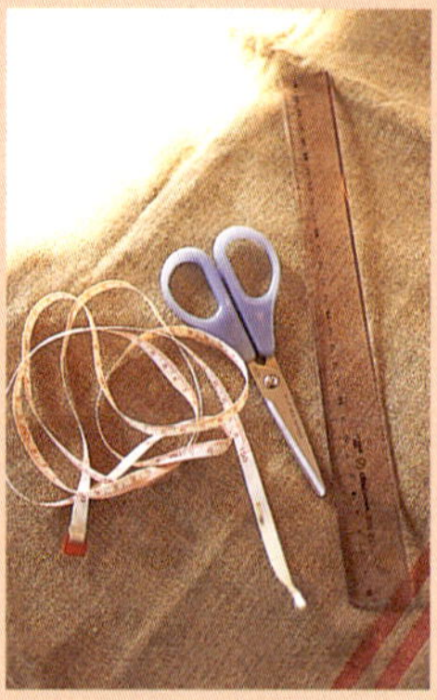

メジャー・ハサミ

美しい成形はサイズが大事。きっちりはかろう。ハサミはミニチュアパンの成形にも大活躍。小さめが使いやすい。

ガラスの器

各種サイズのガラスのミニボウルは、材料の計量に大活躍。バターやジャムの器としてもかわいい。

さらしのふきん

生地の乾燥防止にかたく絞ったふきんをふわりとかぶせる。さらしは軽くて生地への負担がない。

column 6

HPぱん工房「くーぷ」のひとりごと～Bakery Diaryより～

「レシピを読む」力をつけましょう。これは教室でわたしがいつも言っていたこと。レシピを一読しただけで、たとえ、写真がついていなくても、それがどんなタイプの、どんな風味の、どんな大きさのパンになるか想像することができる力、という意味です。すでにパン作りが習慣化している方でも意外にコレができないのです。レシピ通りに材料をはかり、作業はすすめるものの、どういう目的でこういう配合になっているのか、なぜ、この工程を踏むのか、結果、どういうパンになるのか。そういう見方をあまりしないみたい。普通は、ひとつのレシピを繰り返していれば、おのずと気づいていくはずなんですが、たぶん、気づく前に違うレシピに行っちゃうからなのでしょうね。「理解し、蓄積する」。それをしなければ、いつまでたっても「レシピを読む」力はつかないのです。確かにレシピ通り作業をすすめれば一応パンは作れます。でも、レシピを読み、頭の中で「ああ、こういうパンになるのね」と味や香りをイメージし、作業の意味を知り、自分なりのポイントを整理してから作ったパンはやはりできあがりが違います。(2004.9.15)

よく、ひとことで「○○のコツを教えてください」と聞かれます。で、コツ、ってなんだろう、と思うわけです。うまく事を運ぶためのポイント、とでも言えばいいのでしょうか。コツというものが、唯一無二のものならば「はい！ この作業のコツはズバリこれでございます！」と教えてあげることができるのだけれど。もちろん、どんなプロセスにおいてもここがとくに大事！ という「大きなコツ」は確かにあるわけです。それは比較的わかりやすいので、今までも、お伝えできる範囲で日記や本に書いてきました。でも実際は、その「大きなコツ」にいたるまでの「小さなコツ」、あるいはそれを過ぎたそのあとも続く「小さなコツ」っていうのがあるわけです。「小さなコツ」は「配慮」と言い換えてもいいでしょう。そういう「配慮」の連続の上に、いわゆるみなさんがおっしゃるコツ、つまり「大きなコツ」が成立する場合が多いのです。だれかに教えてもらったコツや文献に書いてあったコツを本当にコツとして「ピン！」と受け止め、自分のパン作りにうまく生かすためには、やっぱり、下地として何度も何度も作ってみる。またそうすることで自分なりのコツも見つけられるのです。自分で見つけたコツは宝物です。どうぞ、大事にしてくださいね。(2005.7.27)

初心者、とりわけ本だけが頼りの、いわゆる独学の方たちが、パン作りで疲れちゃう原因は、

1　流れが読めておらず、1個1個の作業をつなげていくのが精一杯。

2　手間のかけどころが、いまひとつわからず、過剰な作業が多い。

3　いつもこれでいいのか、という不安でいっぱい。

というところかな。わたし自身が経験してきたことだから、だいたい合ってるでしょう(笑)。

まず1に関しては、レシピをよく読み、あらすじをつかみ、見通しよく、流れにのって作業するイメージを描いてみて。2、3は、場数を踏むことです。これにつきる。熱心にしていた成形前の丸めが、じつはけっこう適当でもよかった、なんてことはおいおい気づくことです。そうそう、焼き始めたばかりの初心者でも、パンの出来に厳しい方、多いですね。ここがダメだった、あれがイマイチだった。かたい、まずい……。もちろん反省は大事です。でもあまり凹まないでね。それはね、最初のうちは仕方がないこと。4つくらいの子どもに、ひらがなを見せて「さあ、書いてごらん、これと同じように」と鉛筆を持たせても、完璧には書けないでしょう。鉛筆の持ち方すら、あやういでしょう。でもいつかは、書けるようになりますね、漢字でさえも。それと同じなんですから。あせらない、あせらない。まずは、パン生地の心地いい手ざわり、発酵の不思議、焼きたての香りを十分に楽しみましょう。好きになる、何度も焼きたくなる。上達はそこから始まるのです。(2005.10.18)

＊このコラムは、HPの日記より抜粋（一部加筆修正）したものです。

はちみつ入りの
白いパン

はちみつ入りの
黄色いパン

ノンオイルのふんわりパン

ふんわり、あっさり、軽やかな食べ心地が自慢。目が覚めるような白とやさしい黄色のパンをかごに盛り合わせて食卓に出すと、いつも歓声があがります。翌日もかたくなりません。伸展性を助ける油脂をまったく配合せずに、この最高のふんわり感を出す秘密は4つ。①大きめの成形で生地中の水分を大事にする②保水性のあるはちみつを配合する③単純な成形で生地に負担をかけない④低めの温度で焼くことで、かたいクラストが形成される前に生地をのびのびとふくらませる。

「リーンな配合のパンはかたい」という印象を持っている方も多いですが、作り方、焼き方ひとつで、こんなふうにも作れるということです。黄色はかぼちゃから色をもらいました。今回は、かぼちゃの摂取が目的ではありませんし、入れすぎると生地が重くなるので分量は守りましょう。

はちみつ入りの白いパンと
はちみつ入りの黄色いパン

材　料	配合(%)	4個	メモ
スーパーカメリヤ	100	200g	
はちみつ	5	10g	
天然塩	1.5	3g	
インスタントドライイースト	1.5	3g	
水	62.5	125g	
(黄色いパンの場合)			
かぼちゃのマッシュ	15	30g	
(仕上げ用)			
強力粉		適宜	

はちみつ入りの黄色いパンは、はちみつ入りの白いパンにかぼちゃ（皮を取り除き、電子レンジでやわらかくなるまで加熱したもの）のマッシュを加え、明るい黄色に色づけます。

- ●ミキシング……10分
- ●1次発酵……50～60分
- ●最終発酵……20～30分
- ●焼成……160℃15～17分

作り方

1 計量カップをデジタル秤にのせ、はちみつをはかる。ゼロに合わせなおして、水をはかり、よく混ぜはちみつ水を作る。これを人肌にあたためる。

2 ボウルに粉、天然塩を入れ、軽く合わせて中央をくぼませ、はちみつ水を注ぎ、イーストをふり入れなじませる。

3 生地をひとまとめにして台に出し、なめらかになるまでよくこねる。丸めてボウルに戻し、ビニール袋をかぶせ、あたたかいところで2倍にふくらむまで1次発酵。

4 台に出し4分割、表面を張らせるように丸め、裏をひきしめて、しっかり閉じる。

5 軽く粉をふって、生地の中央に菜ばしを深く押しあて、前後に転がす。しっかり溝を作り（*）、溝の両端をきゅっとつまむ。

6 天板に並べ、かたく絞ったふきんをかけ、あたたかいところで最終発酵。

7 2倍の大きさになったら、茶こしで粉をふり、オーブンで焼く。低めの温度で焼き色はつけず、白く仕上げる。

（*）押しあてただけでは発酵・焼成中に溝がなくなってしまう。必ず前後に転がして、溝の底に平らな部分を作ること。

1 計量カップをデジタル秤にのせ、はちみつをはかる

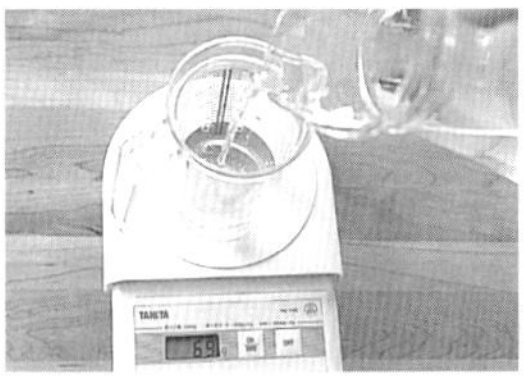

2 目盛りをゼロに合わせなおし、同じカップに水をはかる

3 1次発酵後、生地を台に取り出してカードで4分割

4 丸めた生地に茶こしで軽く粉をふりかける

5 菜ばしを深く押しあてて転がし、しっかりと溝を作る

6 天板に並べ、最終発酵。2倍の大きさになったら焼成

はちみつ入りの黄色いパン

はちみつ水とイーストをなじませたあと、かぼちゃのマッシュを加える。あとは、はちみつ入りの白いパンと要領は同じ。

はちみつ水とイーストをなじませ、マッシュかぼちゃを加える

○

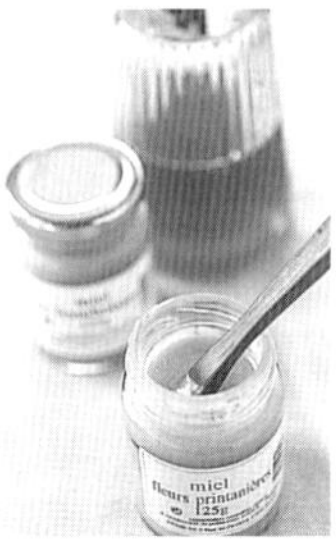

はちみつ

はちみつは生地をしっとり保ちます。パンにすると香りはあまり感じられませんが、お気に入りのはちみつをこっそり生地にしのばせてみませんか。これらは「フランボワーズ」、「春の花々」という名のはちみつです。

グリーンピースのポタージュ

材料（たっぷり2人分）

グリーンピース（冷凍でもよい）　正味200g
長ねぎの白い部分　50g
バター　30g
コンソメキューブ　1個
水　　200mℓ
牛乳　200mℓ
生クリーム　大さじ2
パセリ　適宜

作り方

1　鍋を火にかけバターを溶かし、刻んだ長ねぎをしんなりするまで炒める。グリーンピース、水、コンソメキューブを加え、弱火にしてふたをずらしてのせ、豆がやわらかくなるまで6〜7分煮こむ。
2　1をミキサーにかけ、なめらかにして鍋に戻す。牛乳を加え、沸騰させないよう気をつけてあたためる。味をみて足りなかったら塩を少々加えてととのえる。
3　器に入れ、生クリームを大さじ1ずつ表面に浮かせ、みじん切りのパセリをふる。

こころのゆとり、感じる日には

今日1日ゆったり過ごせそう。そんな日は思い切って、ちょっぴり手間のかかるパンを焼くのもいい。例えば、ここで紹介するパンは「生地の組み合わせ」を楽しむレシピです。ポイントは2つの生地のタイミングを合わせること。異なる味わいの生地がひとつになって生み出すハーモニーを、ぜひお試しくださいね。

カスタードシューロール

ライ麦と黒ごまの
ツイストブレッド

カスタードシューロール

バター多めのリッチ生地でカスタードクリームを包み、シュー生地をかけて焼きあげます。
パーツが多いので、それぞれを作るタイミングをはずさないように気をつけましょう。
とくにシュー生地は時間がたつとふくらみにくくなるので、作りおきはできません。
最終発酵の様子をみながら手早く作って、ほんのりあたたかいうちにパン生地にかけます。

材　料	配合(%)	8個分	メモ
スーパーカメリヤ	100	200g	
上白糖	10	20g	
天然塩	1.5	3g	
バター	15	30g	
インスタントドライイースト	1.5	3g	
牛乳	70	140g	
(カスタードクリーム)			
卵黄		40g	Lサイズ2個分
上白糖		40g	
薄力粉		20g	
牛乳		150g	
バター		20g	
(シュー生地)			
バター		15g	
水		30g	
薄力粉		20g	
全卵		60g	Lサイズ1個分

●ミキシング……10分
●1次発酵……50～60分
●ベンチタイム……10分
●最終発酵……20～30分
●焼成……190℃12～15分

作り方

1 基本のリッチ生地（p20）の要領で生地を作り、1次発酵後、8分割。軽く丸め、かたく絞ったふきんをかけてベンチタイム。

2 閉じめを上にして、麺棒で長径10cmの楕円に伸ばし、カスタードクリームをのせ、生地をしっかり閉じ合わせる。

3 閉じめを下にして天板にのせ、かたく絞ったふきんをかけ、あたたかいところで最終発酵。1.5倍くらいになったら表面にシュー生地を塗る。あればあられ糖（分量外）を散らし（＊）、オーブンで焼く。

1 生地の閉じめを上にして麺棒で楕円に伸ばす

2 カスタードクリームをのせる

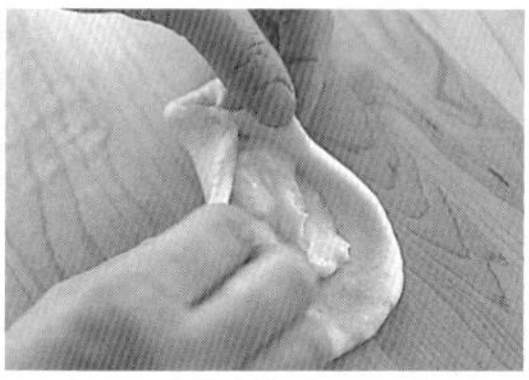

3 上下の生地を軽くひっぱるようにして合わせる

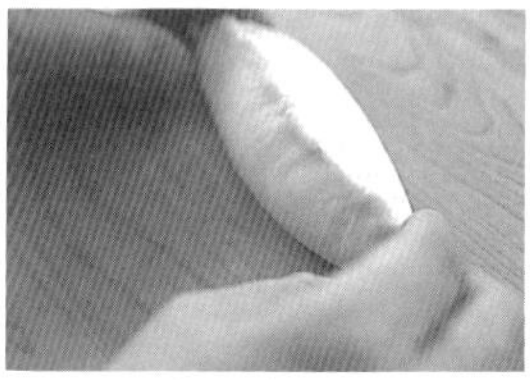

4 しっかり閉じ合わせたら、閉じめを下にして最終発酵へ

5 最終発酵後、あたたかいシュー生地を表面に塗る

6 あられ糖（分量外）を全体に散らし、焼成

（＊）あられ糖が手に入らなければ焼きあがってから粉砂糖をふって仕上げてもよいでしょう。

●カスタードクリームの作り方

耐熱ガラスのボウルに卵黄、分量から大さじ2の牛乳、上白糖、薄力粉を入れ、泡だて器でなめらかに混ぜ合わせる。残りの牛乳を少しずつ加えて溶き伸ばす。ラップをふわりとかけて電子レンジ強で1分30秒～2分かけ、よくかき混ぜる。さらに1分～1分30秒かけて、透明感のあるクリーム状になったら、バターを加えてよく混ぜ、別の容器に移し、ラップをぴったり貼りつけてさます。バニラオイル（分量外）を加えてもよい。

●シュー生地の作り方

水とバターを小鍋に入れて沸騰させ、ふるった薄力粉を一度に入れて火を止める。木べらで全体を混ぜ、再び弱火にかけ、鍋底をこするように混ぜ続ける。透明感がでてきたらボウルに移す。ここへ溶いた全卵を一度に加える。全体がなじんでクリーム状になるまで泡だて器でよく混ぜる。普通のシュー生地より、かなりゆるめでよい。シュー生地はさめるとふくらみが悪くなるので、必ずパン生地の最終発酵中に作る。

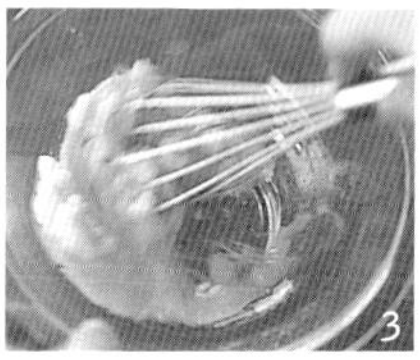

ライ麦と黒ごまのツイストブレッド

ライ麦と黒ごまの2種の生地をねじり合わせて焼きあげるので、スライスするたびに違った表情が楽しめます。
ポイントは生地の状態、発酵のタイミングをそろえること。まず、両方の生地の計量をすませて、ライ麦生地を仕込み終えたら、すぐ黒ごま生地にとりかかります。仕込みの時間差は、1次発酵の際に黒ごま生地を少しあたたかい環境におくなどして、先に仕込んだライ麦生地に追いつかせて解消します。成形のねじりはゆったりと。
今回は作りやすい量としてパウンド型2台分の分量を書きましたが、1台で焼く場合はすべて半量で仕込んでください。
生地の特徴としては甘味を抑えたリッチ生地で、そのままでもトーストしてもおいしくいただけます。

材　料	配合(%)	パウンド型2台	メモ
(黒ごま生地)			
スーパーカメリヤ	100	200g	
きび砂糖	5	10g	
天然塩	1.5	3g	
バター	10	20g	
インスタントドライイースト	1.5	3g	
牛乳	80	160g	
黒ごま	15	30g	
(ライ麦生地)			
スーパーカメリヤ	80	160g	
細挽きライ麦粉	20	40g	
きび砂糖	5	10g	
天然塩	1.5	3g	
バター	10	20g	
インスタントドライイースト	1.5	3g	
牛乳	75	150g	
(型用)			
ショートニング		適宜	

●ミキシング……10分（×2種）
●1次発酵……50〜60分
●最終発酵……20〜30分
●焼成……180℃20〜25分

作り方

1 ライ麦生地…基本生地（p20）の要領で生地を作り1次発酵。
黒ごま生地…粉と一緒に黒ごまも混ぜ、基本生地の要領で生地を作り1次発酵。
2 2種の生地をそれぞれ2分割する。
3 切り口の方からゆったり巻いて軽く転がし、25cmの棒状にする。
4 ライ麦生地、黒ごま生地を縦に平行におく。上の端を閉じて、2本をゆったりと2回クロスさせ、下の端も閉じ、パウンド型におさめる。もうひと組も同様に。
5 かたく絞ったふきんをかけ、生地が型の端から1cmでるまで、あたたかいところで最終発酵。
6 オーブンで焼く。

1 黒ごまは粉と一緒に最初から混ぜ合わせる

2 ライ麦生地と黒ごま生地をこねあげ、1次発酵させる

3 1次発酵がすんだ生地を台に出し、それぞれ2分割

4 切り口の方からゆったりと巻く。4本とも同様に

5 軽く転がして、25cmくらいの棒状にととのえる

6 2色の生地をゆったりと2回クロスさせる

7 最終発酵後。型の端から生地が1cmでたら焼成

○

愛用の3つの型

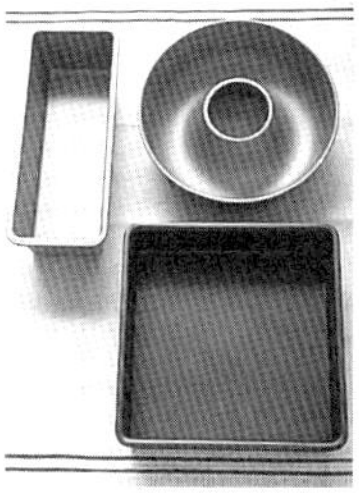

パウンド型（20×8×6cm）、エンゼル型（直径18cm）、スクエア型（18×18×5cm）の3つの型は、くーぷで基本としている粉200gの生地にぴったり。フッ素樹脂加工ならショートニングを塗らなくても大丈夫。

パリのブーランジュリーにあこがれて
～パンで遊ぼう～

玄関を入ってすぐのチェストの上に、パリのブーランジュリーをイメージしたパン細工を飾っています。いまだ見たことのないパリの風景に思いをはせながらバゲット、エピ、カンパーニュ……ひとつひとつ形作り焼きあげては、小さな棚にディスプレイしたのは、かれこれ半年以上前だったでしょうか。

こんなふうに、教室を始めたころから玄関やリビングに自己流のパン細工を飾るようになりました。小さいながらもいつものパン作りと手順はまったく同じですから、粘土などでは出せない本物の質感が生まれます。わが家にいらっしゃるお客様は一様に「かわいい！　これ本物？」「食べられる？」と目をまるくします。その表情を見るのも楽しくて。

パン細工を素敵に飾りたいから、そのまわりの小物類も気になります。例えば、アイアンの小さな棚や素朴な木箱、かわいいかご類、端切れやリボン、ドールハウスのキッチンツールなど。これらを手芸屋さんや雑貨屋さんで見つけると、ミニチュアパンとどう組み合わせようかな、と立ち止まってアイディアをめぐらせることもしばしばです。

今飾っているパリのブーランジュリーも、季節が変わったら、模様替えする予定。それまでに小物類も少しずつそろえて、イメージをふくらませていくつもりです。

ぱん
工房

FRANCE

サラミ&チーズスティック
6分割
リッチ生地
サラミ 40g
チーズ 40g
マヨネーズ 適量
パセリ 〃

ミニチュアパンを焼こう

手のひらにちょこんとのっかるミニチュアのパンたち。
マグネットにしたり、お気に入りの雑貨と飾ったり。
自分だけのブーランジュリーを作っても楽しいですネ！

まずは生地作り

白生地

材　料

強力粉………100g
牛乳………65g
砂糖………10g
インスタント
ドライイースト・塩…各小さじ¼
サラダ油……小さじ1
（＊：砂糖〜サラダ油）

作り方

基本のリッチ生地（p20）を参照のこと。こねあがったら、30分ねかせて成形します。ここでは6種類の成形をご紹介しますが、ほかにもいろいろお試しくださいネ。

余裕があれば生地のバリエ

全粒粉生地

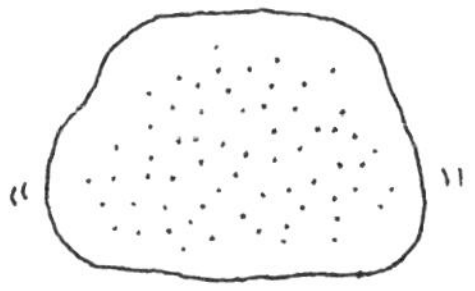

材　料

強力粉………80g
全粒粉………20g
牛乳………60g
あとは白生地（＊）と同じ。

たくさん必要なければ半量でこねてもOK!

ココア生地

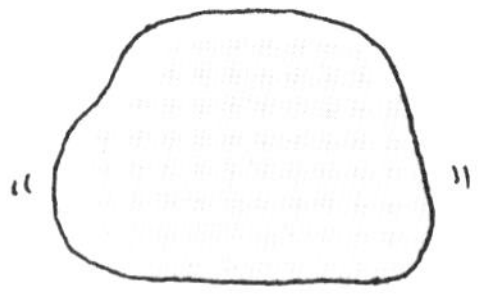

材　料

強力粉………90g
ココアパウダー………10g
牛乳………70g
あとは白生地（＊）と同じ。

エピ

「麦の穂」の意味。
小さなブーランジュリーに
欠かせないアイテムです。

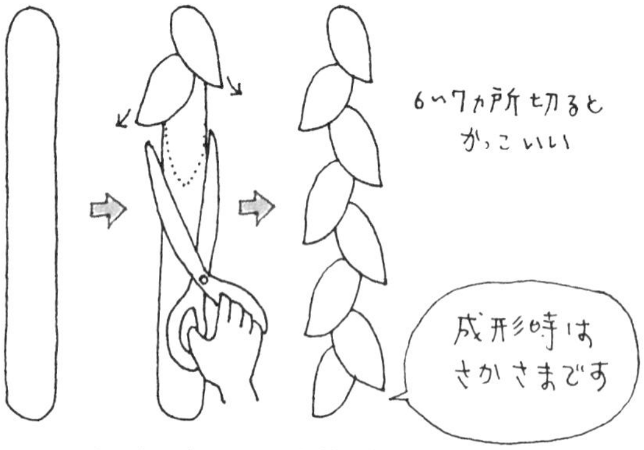

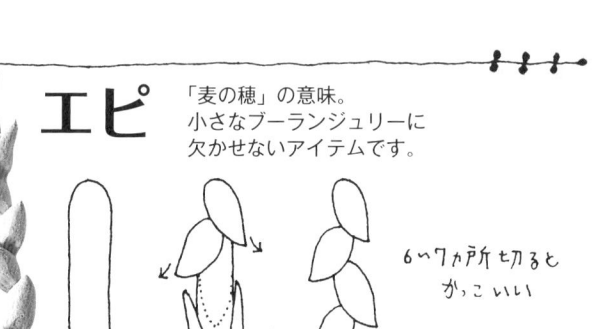

ハサミはできるだけ寝かせて、深く切りこみ
刃先に生地をのせたまま左右に交互にわけていきます

覚えておこう！

ミニパンは32分割が基本の大きさです。

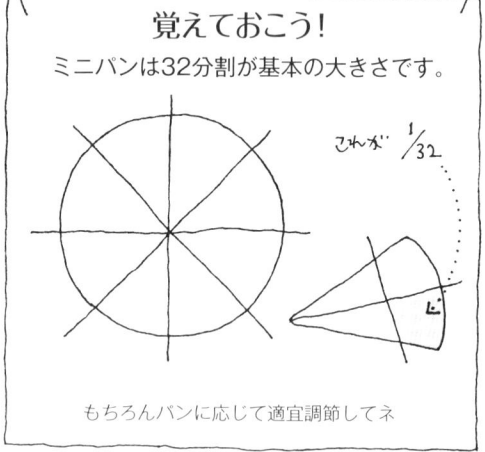

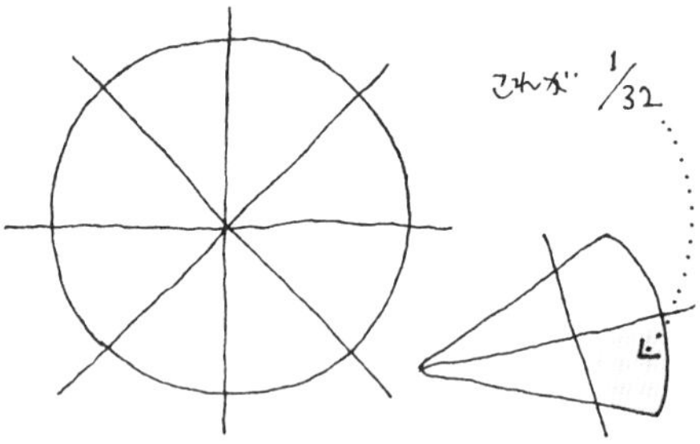

もちろんパンに応じて適宜調節してネ

白生地か全粒粉生地で作りましょう。
飾るときは数本まとめてたてると素敵です

編みパン

1本のひもから三つ編み風のおもしろい成形です。
ころんとしているので、マグネットにぴったりです。

「の」といいながら作るとうまくいくはず。

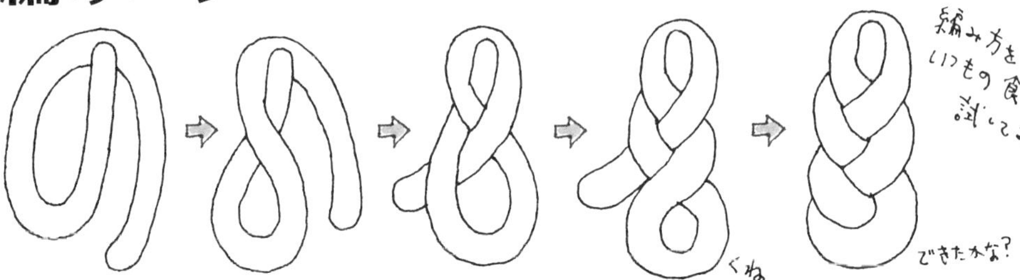

生地を「の」の字に → 輪の部分をひねって → ひも状のところを輪にとおす → またひねって → はじっこをおさめます

編み方をマスターしたらいつもの食事パンにも試してみよう！

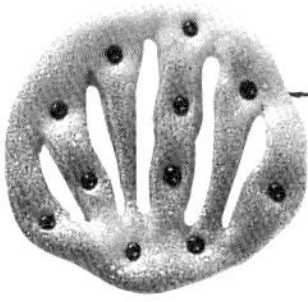

フーガス

南仏のパン。
ブラックオリーブは
黒のビーズで。

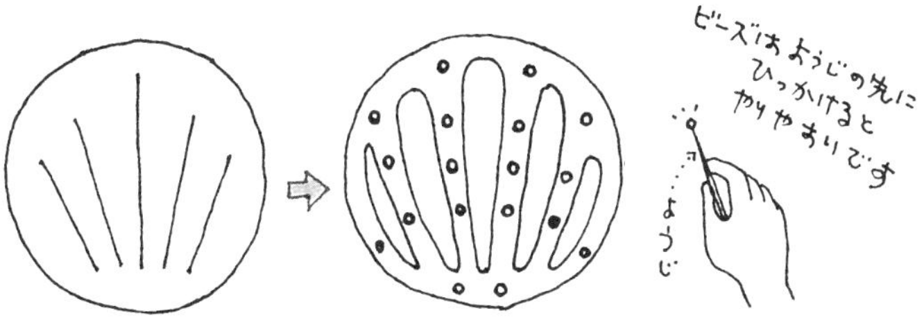

丸く伸ばした生地に
よく切れるナイフで
切りこみを

左右にひっぱり
切りこみを開く。
黒ビーズを
埋めこもう

ビーズは100円ショップで
売ってるものでOK。
ただし、ガラスであることを
確認してネ

リボンのついた三つ編みリース

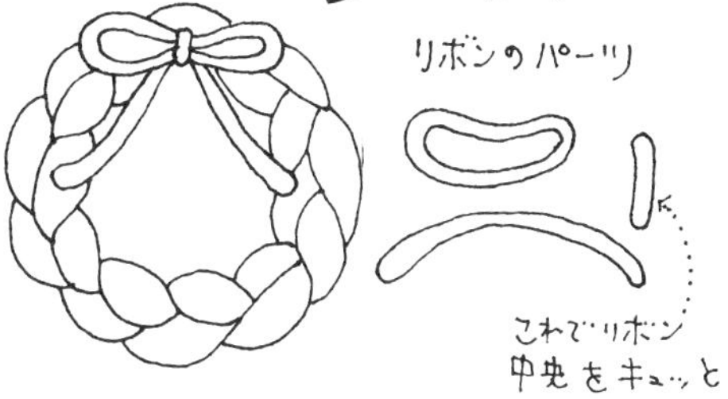

3本の細い生地で三つ編みを作りリースに
して、つなぎめをリボン形の生地でかくす

チョコツイスト

おしゃれで楽しい2色パン。

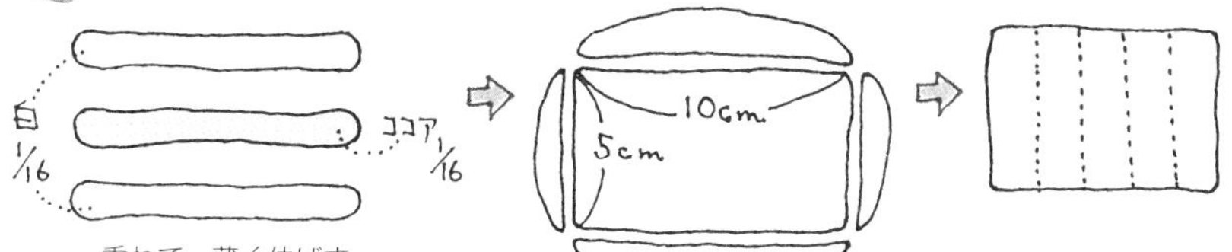

重ねて、薄く伸ばす

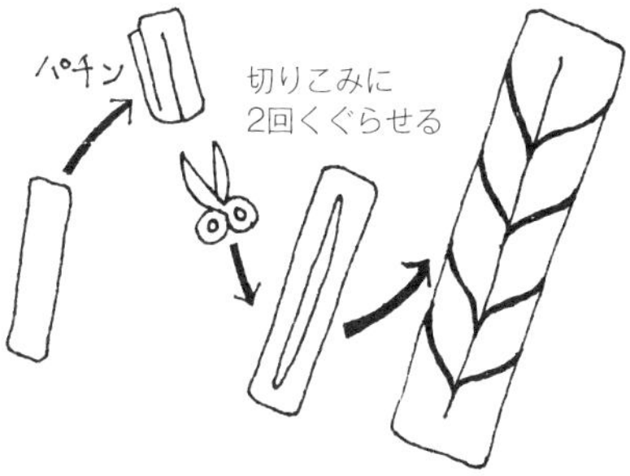

切りこみに
2回くぐらせる

メモ　ココア生地をわざわざ作るのがおっくうなときは、白生地にココアを練りこんで着色してもOKです。

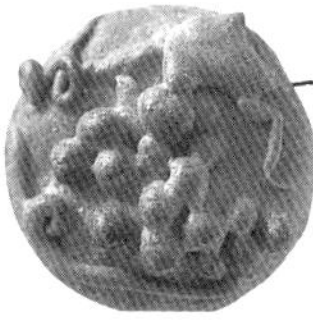

ぶどうのカンパーニュ

ぶどうの図柄のカンパーニュで、ブーラン
ジュリーの雰囲気を盛りあげよう。

生地を平らな円形に。
これが土台です

こんな感じ。
焼くとふくらむので
薄くしたほうがよいのです

これはNG

ビミョウに大きさの
異なる大小の粒を
バランスよくのせていく

葉っぱやツルを
あしらう。
細かい作業ガンバレ

成形のすんだ生地は天板に並べ、ふっくらするまで発酵させ、180℃のオーブンで好みの色がつくまで焼き、そのあと、100℃でじ～っくり乾燥させましょう。とくにカンパーニュのように厚みのあるパンは、中心部の水分をしっかり抜くことが大事です。

さらに風通しのよいところで、熱を完全にとり、スプレー式のクラフト用ラッカー（p48）で表も裏も、しっかりコーティングすれば、ぐんと長もちします。

はじめて飾りパンに挑戦する場合は、秋～春先の空気の乾いている季節がおすすめです。こうして作った飾りパンはマグネットにしたり、クリスマスのオーナメントにしたりアイディアしだいでいくらでも楽しめることでしょう！

環境さえよければ1年は十分にもちますが、少しずつ色があせてきます。そのときは、いさぎよく処分して、作りなおしましょう。

今回は3色の生地を紹介しましたが、一度に3色の生地を使いきるのはかなり大変なことです。ひとりで作るときは白生地をこね、一部をとりわけて、ココアを混ぜて簡易版ココア生地にすれば、十分楽しめるはずです。

また、余った生地は細長く伸ばしてカリッカリに焼いて、食べちゃいましょう。そう、グリッシーニみたいにネ。

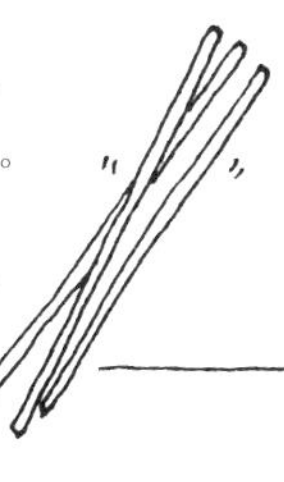

㊟ ビーズをのせた生地は食べられません。

ちぎりパンで4人のランチパーティ

基本のリッチ生地をスクエア型に詰めて焼きあげるちぎりパン。ぽこぽこちぎって食べるのもいいけれど、それだけじゃつまらない。ちぎりパンにはもっと可能性があるはず！

ちぎるだけじゃない、ちぎりパンの使いまわし術を、ランチパーティ風景を例に伝授しちゃう！ 1台のちぎりパンで4人が満足できちゃう！ こんなうれしいことはありませんね。

食べ方アレンジ

a.クロックムッシュ

ちぎりパン2列分をつなげたまま4枚にスライスする。マヨネーズ、好みでマスタードを塗り、ハム、チーズをのせてオーブントースターでチーズがとろけるまで焼く。粗挽き黒こしょうをふる。

b.ツナサンド

ちぎりパン1列分をつなげたまま2枚にスライスする。油分を切ったツナ缶、みじん切りの玉ねぎ適宜をマヨネーズであえ、レタスとともにはさみ、4等分する。

c.フレンチトースト

ちぎりパン１列分を切れ目にしたがって4つにちぎり、さらに上下にスライスする。卵1個に牛乳100㎖、砂糖大さじ1を加えてよく混ぜたところへパンをひたし、バターを熱したフライパンできつね色に焼く。

盛り合わせ方

a~cをワンプレートに盛り合わせ、cにはいちごを飾り、粉砂糖をふり、はちみつをかける。ピクルス、ポテト、チーズ、ハーブなどを適宜盛り合わせる。

材　料

ちぎりパン1台…基本のリッチ生地全量

ちぎりパンの作り方

基本のリッチ生地（p20）を1次発酵後16分割し、丸めて18㎝角のスクエア型に入れて最終発酵後、180℃のオーブンで20~25分焼く。

コッペパンをおしゃれにおいしく

ここ数年、ひそかなブーム？というくらい人気があるコッペパン。子どものころから給食で慣れ親しんだあの形と味に懐かしさを感じ、つい手にとってしまうのかもしれませんね。わたしもコッペパンは大好き。今回は、コッペパンをちょっとおしゃれに楽しみましょう。４種のペースト＆クリームは作り方も簡単、コッペパンにたっぷりつけて召しあがってくださいね。

コッペパン

作り方

基本のリーン生地（p20）を1次発酵後、6分割してベンチタイム。楕円に伸ばして巻き、棒状にととのえる。このときの長さは、スリムにしたければ20㎝、ころんとした感じにしたければ15㎝くらいに。最終発酵後、1～3本のクープを入れて190℃で10分焼く。

リッチ生地でも同様に。クープは入れなくてもよい。180℃で10分焼く。

クリームサンド

コッペパンに切り目を入れ、チョコクリーム、ミルククリームを塗る。ここではクリームを見えやすくするために上部に切りこみを入れたが、横に入れたほうがたっぷりはさめるかも。ペーパーでくるりと包み、ラフィアで結ぶ。キャンディ包みにしてもかわいい。

カナッペ

コッペパンをスライスし、なすとパルメザンチーズのペースト、明太子バターを塗り、好みのハーブをあしらう。

コッペパンに合うお手軽ペースト＆クリーム４種

明太子バター

材料

明太子（腹から出して）……50g
バター……30g
生クリーム……小さじ2
マヨネーズ……大さじ1

作り方

やわらかくしたバターに明太子、生クリーム、マヨネーズを加え、よく混ぜる。

なすとパルメザンチーズのペースト

材料

なす（皮をむいて）……200g
にんにく……2片
EXヴァージンオリーブオイル……大さじ2
パルメザンチーズ（粉状）……20g
しょうゆ……小さじ½
ドライパセリ・ドライオレガノ……各ひとつまみ

作り方

鍋にオリーブオイルを弱火で熱し、5㎜にスライスしたなす、みじん切りのにんにくを炒める。全体に油がまわったら、ふたをして弱火でなすが煮崩れるまで蒸し煮。水分が多いようなら火を強めて飛ばし、パルメザンチーズ、しょうゆで味をととのえ、パセリ、オレガノを加える。

チョコクリーム

材料

ブラックの板チョコレート……70g
生クリーム……100mℓ

作り方

板チョコレートを細かく割り、ボウルに入れ湯煎で溶かす。溶けたら生クリームを加え、冷水をあてながら角がたつまでホイップする。

ミルククリーム

材料

トースト用のファットスプレッド……50g
コンデンスミルク……30g

作り方

ファットスプレッドをボウルに入れ、コンデンスミルクを加えて軽くホイップする。

カナッペ

クリームサンド

明太子バター

チョコクリーム

なすとパルメザンチーズのペースト

ミルククリーム

ほっとするわが家の菓子パン、調理パン

毎日の食事パンにはこれといった反応もしめさないうちの夫や子どもたちが「わぁ！　これ今すぐ食べてもいい？」と目を輝かせて集まってくるのは、菓子パンや調理パンを焼いたときです。みんな正直だなぁって、なんだかおかしくなります。そういえば、わたしも子どものころ、白いご飯のときよりも、栗ご飯やたけのこご飯のときはうれしかった。それと同じなんでしょうね。

さて、最初に紹介する揚げカレーパンは、豚肩ロースたっぷりのカレーが自慢です。トマト野菜ミックスジュースで煮こむのがポイント。材料をあれやこれやと用意しなくても複雑な味を出してくれます。トマトが苦手な方は半量を水にしてくださいね。生地は基本のリッチ生地をそのまま使いますから、倍量を一度にこねて半分はオーブンで焼く丸パン、半分はカレーパン、という作り方もできます。

揚げカレーパン

材料　8個
基本のリッチ生地全量（p20）
パン粉・サラダ油・ドライパセリ　各適宜

カレーフィリング

材　料	8個
豚肩ロース肉	170g
玉ねぎ	50g
にんじん	50g
トマト野菜ミックスジュース	200mℓ
カレールウ（市販）	25g
ローリエ	1枚

- ミキシング……10分
- 1次発酵……50～60分
- ベンチタイム……10分
- 最終発酵……20分
- 揚げる……170℃3分

揚げたてカレーパンに、せん切りキャベツをたっぷり添えて休日のランチに

カレーフィリングの作り方

1㎝角の豚肩ロース、粗みじん切りの野菜、トマト野菜ミックスジュース、ローリエを鍋に入れ、強火にかける。沸騰したらアクをとって弱火にし、やわらかくなるまで煮る。カレールウを入れてさらに煮こみ、木べらで混ぜたとき鍋底が見えるくらいまで水分を飛ばす。バットに移し表面をならして8等分の目安をつけておく。このフィリングは、当日生地と同時進行で作ってもいいが、前日に作って冷蔵庫に入れておくと味がなじんでおいしい。その場合は生地をこね始めるまえに冷蔵庫から出して室温に戻しておく。

1 カレーフィリングの材料。豚肩ロース肉が旨味の秘訣

2 混ぜたとき、鍋底が見えるまでしっかりと煮詰める

作り方

1 基本のリッチ生地を作り、1次発酵後、8分割。軽く丸めて、かたく絞ったふきんをかけてベンチタイム。
2 閉じめを上にして円に伸ばし、中央にカレーフィリングをのせる。上下の生地をしっかり閉じ合わせ、レモン型にととのえる。生地の周囲にフィリングがつくと、油分で生地どうしがくっつかなくなってしまうので気をつけること。
3 生地の表と裏にまんべんなく霧を吹き、パン粉をまぶし、軽く手で押さえる。
4 かたく絞ったふきんをかけ、閉じめを下にしてあたたかいところで最終発酵。揚げパンは、オーブンで焼くパンより最終発酵を控えたほうが仕上がりがきれいなので、1.5倍くらいにふくらめばよい。
5 170℃に熱したサラダ油に、生地の閉じめを下にして入れる（＊）。きれいなきつね色になったら、返してもう片面も色よく揚げる。油を切って、好みでパセリをふる。
（＊）閉じめのほうから加熱し、早い段階で固めてしまうのが目的。こうすると生地がはじけにくい。最初に閉じめを上にして揚げると、フィリングの水蒸気が閉じめを内部から押し開き、はじけてしまうことがある。

1 中央にフィリングを。周囲につけないように気をつける

2 なるべく空気を入れないようにしっかり閉じ合わせる

3 霧を表裏にまんべんなく吹きつける

4 軽く押さえるようにしてパン粉を全体にまぶす

5 閉じめの側から揚げ始めると、はじけにくい

焼きカレーパン

基本のリーン生地でカレーを包み、
イングリッシュマフィンの型に入れ、天板にはさんで焼きあげます。
フィリングは牛挽き肉とひよこ豆のカレー。
挽き肉と豆のバランスはお好みで調節してくださいね。
生地にまぶしたコーングリッツがさらりとした口あたり。
カレーパンをさっぱり軽くいただきたい方におすすめします。

材料　8個
基本のリーン生地全量（p20）、コーングリッツ・ローズマリー・にんにく・ショートニング（型用）　各適宜

カレーフィリング

材　料	8個
牛挽き肉	120g
ひよこ豆または大豆の水煮（缶詰）	50g
玉ねぎ	50g
にんじん	50g
トマト野菜ミックスジュース	200mℓ
カレールウ（市販）	25g
ローリエ	1枚

- ミキシング……10分
- 1次発酵……50～60分
- ベンチタイム……10分
- 最終発酵……20分
- 焼成……190℃10～12分

カレーフィリングの作り方

牛挽き肉、ひよこ豆、粗みじん切りの野菜、トマト野菜ミックスジュース、ローリエを鍋に入れ、強火にかける。沸騰したらアクをとって弱火にし、やわらかくなるまで煮る。カレールウを入れてさらに煮こみ、木べらで混ぜたとき鍋底が見えるくらいまで水分を飛ばす。バットに移し表面をならして8等分の目安をつけておく。このフィリングは、当日生地と同時進行で作ってもいいが、前日に作って冷蔵庫に入れておくと味がなじんでおいしい。その場合は生地をこね始めるまえに冷蔵庫から出して室温に戻しておく。

1　カレーフィリングの材料。豆がほくほくとしておいしい

2　フィリングはバットにならし、目安をつけて冷ましておく

準備　イングリッシュマフィン型にショートニングを塗る。にんにくをスライスする。

作り方

1　基本のリーン生地を作り、1次発酵後、8分割。軽く丸めて、かたく絞ったふきんをかけてベンチタイム。
2　閉じめを上にして円に伸ばし、中央にカレーフィリングをのせる。周囲の生地を寄せてしっかり閉じ合わせる。生地の周囲にフィリングがつくと、油分で生地どうしがくっつかなくなってしまうので気をつけること。全体に軽く霧をふき、コーングリッツをまぶす。
3　天板においたマフィン型に閉じめを下にして入れ、かたく絞ったふきんをかけ、あたたかいところで最終発酵。
4　型の8割くらいまでふくらんだら、にんにくのスライスとローズマリーをのせ、オーブンシート、天板をのせて、オーブンで焼く。焼きあがったらマフィン型からすぐにはずす。

1　上下、左右の順で生地を閉じ4つの角を中央に合わせる

2　軽く霧をふいてから、コーングリッツを全体にまぶす

3　天板にのせたマフィン型に生地を入れ、最終発酵

4　にんにくなどをのせ、オーブンシート、天板を重ねて焼成

イングリッシュマフィンの型

直径8.5cmのリング状の型。きれいな円盤状のパンができる。29×2.5cmの画用紙をクッキングペーパーで包み、端を2cm重ねてホチキスでとめれば代用できます。

コーングリッツ

乾燥させたとうもろこしの胚乳部分を、粒状に粉砕したもの。イングリッシュマフィンなどに使われる。さらりとした食感が特徴。

くるみとクリームチーズのクッキーブレッド

生地中のくるみの香ばしさと、
フィリングのチーズのコク、
甘いクッキーのうわがけが、絶妙なハーモニー。
一見手間がかかっているようですが、
クリームチーズはカットするだけ、
クッキー生地もワンボウルで混ぜるだけですから、
意外と簡単です。
見た目もかわいいので、
ちょっとした集まりの差し入れにもぴったり。
生地は、バター多めのリッチ生地です。

準備　くるみは180℃のオーブンで3分ロースト、さまして粗めに割る。クリームチーズは12等分する。

作り方

1　基本のリッチ生地（p20）の要領で生地をこねる。だいたいこねあがったところで生地を広げ、くるみを加えてこね、まんべんなく散らす。あたたかいところで1次発酵。

2　台に出して12分割、軽く丸めて、かたく絞ったふきんをかけてベンチタイム。

3　生地の閉じめを上にして小さな円に伸ばし、中央にクリームチーズをのせてくるむ。閉じめを下にして、2個ずつパニムールに入れ、かたく絞ったふきんをかけてあたたかいところで最終発酵。

4　2倍にふくらんだら、生地の上にクッキー生地を絞り出しオーブンで焼く。

パニムールまたはミニ食パン型6個

材　料	配合（%）	6個	メモ
スーパーカメリヤ	100	200g	
きび砂糖	10	20g	
天然塩	1.5	3g	
バター	15	30g	
インスタントドライイースト	1.5	3g	
牛乳	75	150g	
くるみ	25	50g	
クリームチーズ	60	120g	
（クッキー生地）			
バター		25g	
グラニュー糖		25g	
全卵		25g	
薄力粉		25g	
ラム酒		小さじ½	

パニムール

ポプラの木で作られた焼き型。ペーパーを敷いて使います。ナチュラルでかわいらしいので、そのままプレゼントにも。クオカで扱っています（p96参照）。
115×60×25㎜（上部）

1 だいたいこねあがった生地を広げ、くるみを散らす

2 両手でしっかりこねて、生地とくるみをなじませる

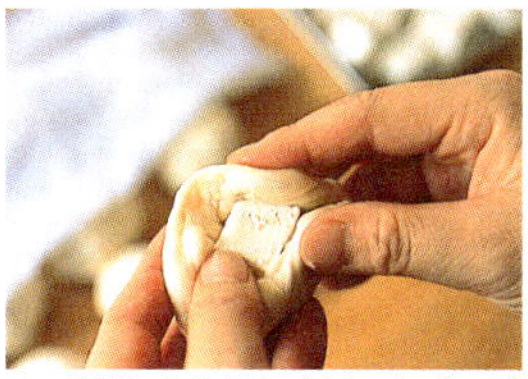

3 分割した生地にクリームチーズを包みしっかり閉じる

4 敷き紙を敷いたパニムールに生地を2個ずつ入れる

5 最終発酵後、クッキー生地を均等に絞り出す

- ミキシング……10分
- 1次発酵……50～60分
- ベンチタイム……6～7分
- 最終発酵……20～30分
- 焼成……180℃12～15分

クッキー生地の作り方

バターをやわらかくし、そのほかの材料を順に加え、そのつどよく混ぜる。
パン生地の1次発酵中、または最終発酵中に作っておく。

金時豆のちぎりパン

基本のリッチ生地に鹿の子金時を包んで、
ほくほくふんわりのちぎりパンに仕上げました。
鹿の子が手に入らないときは、
普通の甘煮をペーパータオルで押さえ
水分をしっかりとると包みやすいでしょう。

- ミキシング……10分
- 1次発酵……50〜60分
- ベンチタイム……6〜7分
- 最終発酵……20〜30分
- 焼成……180℃20分

材　料（スクエア型1台）
基本のリッチ生地全量（p20）
鹿の子金時200g

準備　鹿の子金時は16等分する。汁気のある甘煮の場合は、ペーパータオルでよく水分をとって、同様に16等分する。

作り方

1　基本のリッチ生地を作り1次発酵後、16分割。軽く丸めて、かたく絞ったふきんをかけてベンチタイム。
2　生地の閉じめを上にして少しつぶして広げ、中央に金時豆をのせてくるむ。閉じめを下にして、スクエア型に均等におさめ、かたく絞ったふきんをかけてあたたかいところで最終発酵。
3　2倍にふくらんだら、オーブンで焼く。

1　分割した生地を広げ、金時豆をのせてくるみこむ

2　18×18×5cmの型にバランスよく入れる

鹿の子金時

粒の形状をのこしてほっくりやわらかく仕上げた金時豆。水分が少ないので包みやすい。甘いものがほしいときちょっとつまむのもいい。

桜あんぱん

桜風味のあんを包み、
桜の花をイメージして成形しました。
桜あんが手に入らなければ、こしあんでも。
春の気配に誘われて
思わず焼きたくなるパンです。

- ミキシング……10分
- 1次発酵……50～60分
- ベンチタイム……6～7分
- 最終発酵……20～30分
- 焼成……180℃20分

材　料（9個）
基本のリッチ生地全量（p20）
桜あん　270g
白ごま（むきごま）　適宜

準備　桜あんを30gずつに丸める。

作り方

1　基本のリッチ生地を作り1次発酵後、9分割。軽く丸めて、かたく絞ったふきんをかけてベンチタイム。
2　閉じめを上にして円に伸ばし、中央に桜あんをのせる周囲の生地を寄せてしっかり閉じ合わせる。軽くつぶして、花びらの形になるように周囲に5ヵ所、カードで切りこみを入れる。
3　閉じめを下に天板に並べ、中央に白ごまをひとつまみずつ押しつける。かたく絞ったふきんをかけあたたかいところで最終発酵。
4　2倍にふくらんだらオーブンシート、天板をのせて、オーブンで焼く。

1　生地の中央に丸めた桜あんをのせ、生地をせりあげて閉じる

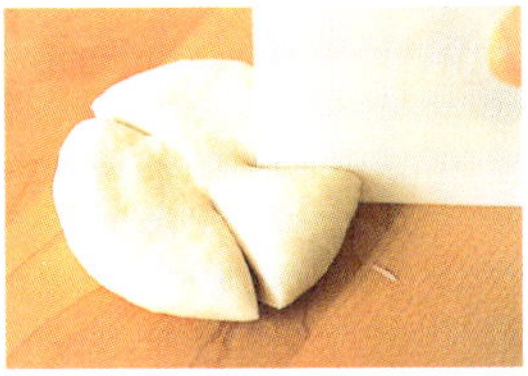

2　5ヵ所の切れ目は、最初にYの字に入れると決まりやすい

3　中央に白ごまをひとつまみのせる

4　オーブンシート、天板を重ねて焼成

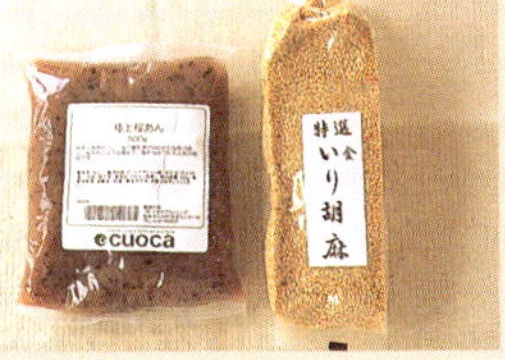

桜あん、白ごま
まるで桜餅のような風味の桜あん。クオカの春の季節限定商品。つややかで香ばしい白ごまは、あんぱんのアクセントにぴったり。

クロワッサン

クロワッサンのある食卓

クロワッサンに代表される折りこみ生地は、パンの要素とパイの要素の両方をあわせもちます。それだけに気難しい生地ですが、焼きたてさくさくをほおばった瞬間、だれもが幸せに満たされることでしょう。この秋〜春は、じっくり時間をかけて折りこみ生地と付き合ってみませんか？「くーぷ」のレシピがお手伝いをします。

column 7

クロワッサンあれこれ・1

家庭で作るクロワッサンは晩秋〜春先が“旬”。なぜなら気温が低めのこの時期は、バターが溶けにくいので折りこみやすく、イーストの活動も抑えめになるので、生地が折りこみ中にふかふかにならず扱いやすいのです。

クロワッサンは「バター」と「生地」の双方の性質を理解し、双方がベストな状態で折りこみをすることが成功の鍵になります。そのためにも、折りこみの合間の「30分冷やす」というプロセスはとても大事。ややもするとまどろっこしく感じるこの「30分」は、バターにとっては、「冷やすことで適度なかたさを維持」し、生地にとっては「発酵を抑えながらグルテンをゆるませる」ために必要な時間なのです（もちろん冷やしすぎも禁物。バターも生地もかたく締まって、伸ばしづらくなりますから）。

バターと生地の呼吸がぴたりと合っていれば、折りこみ生地は“しなやかな板”のように伸びてくれます。こういう状態で成形まで持っていければ、カットした生地の断面はきりっと美しい層を保ち、成形後もくっきりとした姿で天板に並べることができます。

もしあなたが初めて折りこみ生地に挑戦するなら、最初はp78のミニクロワッサン作りをおすすめします。少量生地なので扱いやすく、場所もとらず、それでいて折りこみの練習は十分にできるはずです。そして、一度や二度の失敗はあたりまえと覚悟しましょう。繰り返し焼き、手と目で作業しやすい温度帯を感じ、生地やバターの状態を知るのです。

成功したときの達成感は大きく、そのおいしさは感動的です。さくさくの黄金色のクロワッサンを、あなたも自らの手で焼きあげてくださいね。

イラストで見る
ミニクロワッサンの折りこみと分割までの流れ

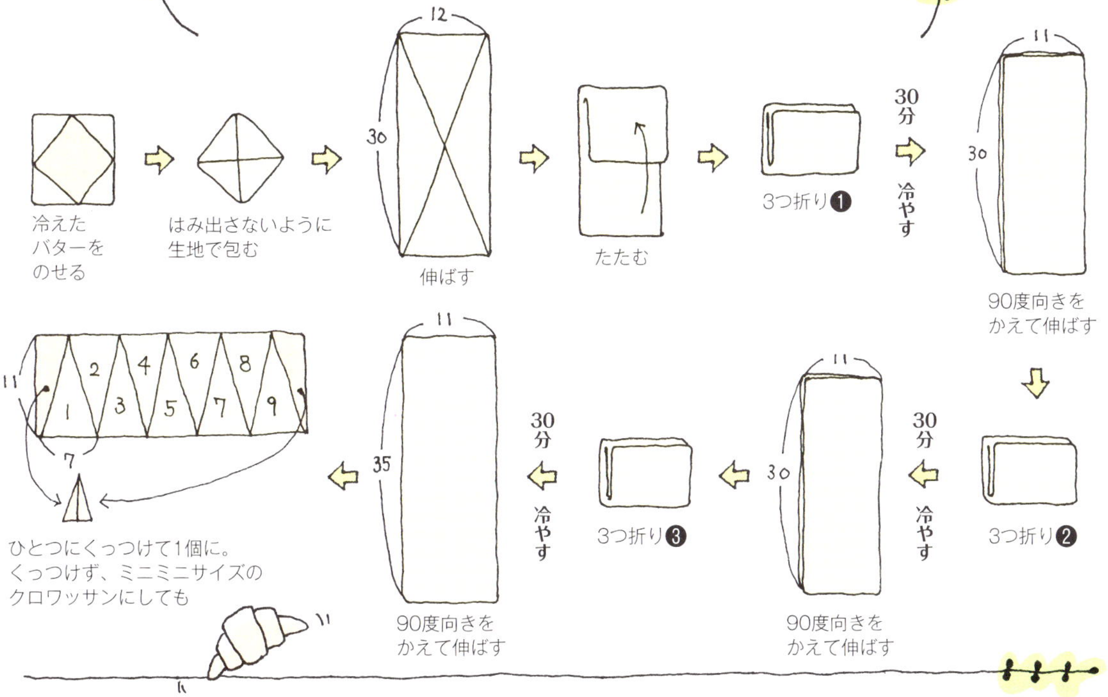

クロワッサン

あなたもこの繊細な層に出会ってみませんか

ミキシング後の生地は室温で40分おいてから冷蔵庫で冷やします。
入れておく時間は、2時間からひと晩。前夜に生地とバターの準備をしておけば、
翌朝は折りこみ以降の作業です。当日生地から作るなら、
朝8時ごろにミキシングを始めれば、3時のお茶には焼きたてがいただけます。

材 料	配合(%)	8個	メモ
リスドォル	100	200g	
きび砂糖	5	10g	
天然塩	1.5	3g	
サラダ油	2	4g	
インスタントドライイースト	1.5	3g	
牛乳	30	60g	
水	25	50g	
(折りこみ用)			
バター	50	100g	
薄力粉	5	10g	

- ミキシング……10分
- 1次発酵（室温）……40分
- 冷蔵庫で休ませる……2時間～ひと晩
- 3つ折り……3回（30分ずつ休ませながら）
- 最終発酵……60分
- 焼成……200℃10～12分

作り方

1 ボウルに粉、きび砂糖、天然塩を入れ軽く合わせ、中央をくぼませ水と牛乳を合わせたものを注ぎ、イーストをふり入れる。イーストをなじませ、まわりの粉と合わせたところへサラダ油を加え、全体をざっくりとひとつにまとめる。

2 ボウルの中で生地の向きを変えながら、100回ほど押しつけたり折ったりを繰り返す。100回終えても生地はまだなめらかとはいえない状態。しかし、ここでグルテンを出しすぎると折りこみの際、伸びにくくなるので、ミキシングはこの程度でよい。不足のミキシングは、折りこみがその役割をはたす。

3 ビニール袋をかぶせ室温で1次発酵。40分たつと、やや生地がふっくらする。これを厚さ1cmほどに伸ばしてラップで包み、冷蔵庫で2時間からひと晩休ませる。厚紙でクロワッサンの型紙を作る（サイズはp78参照）。

4 この間に折りこみ用バターを準備する。冷えたバターを計量し、ラップにのせ薄力粉をまぶす。ラップでゆったり包み麺棒でたたいては折り重ね、粉をなじませる。ラップを13cm四方に折り、その中でバターを麺棒で伸ばす。ゆがんだ部分はラップを開いてカードで切り取り、重ねて形をととのえていく。ラップに包んだまま冷蔵庫で冷やす。

5 休ませた生地を台に出し、20cm四方にととのえる。折りこみ用バターをのせ、はみ出さないようきっちり包む。

6 上から麺棒でぎゅっぎゅっと押さえ、生地とバターをなじませる。

7 1回目の3つ折りをする。麺棒を生地の真ん中から上、下と転がして30cm長さに伸ばし、3つ折りにする。
ラップ、クロスで包み、冷凍庫で30分休ませる。

8 2回目の3つ折りをする。90度向きをかえて40cm長さに伸ばし、3つ折り。ラップ、クロスで包み、冷凍庫で30分休ませる。

9 3回目の3つ折りをする。90度向きをかえて40cm長さに伸ばし、3つ折り。ラップ、クロスで包み、冷凍庫で30分休ませる。

10 生地を45×16cmに伸ばす。型紙をあてながら、よく切れる包丁で8枚の三角形に切りわける。

11 底辺に小さく切り目を入れる。巻きはじめは気持ち外側にむけるように。そのあと、まっすぐすすめて、最後は生地をひっぱりぎみにして巻き終える。半端の小さな三角形の生地は2枚合わせてひとつのクロワッサンにしてもいいし、適当にねじったり、巻いてもいい。

12 天板に並べ、30℃くらいで最終発酵。ふきんをかけると薄い層がくっついて傷んでしまうことがあるので、p24のブランチタイムを参照して乾かない環境を作る。1.5倍にふくらんだらオーブンで焼く。

バリエ クロワッサンサンド

材料

クロワッサン、レタス、クレソン、トマト、ローストビーフ、辛子バター、マヨネーズなど適量

作り方

手作りクロワッサンを横にスライスし、辛子バター、マヨネーズを塗る。野菜類とローストビーフを彩りよくたっぷりとはさむ。

1 カードでボウル内の材料を切りこむように合わせていく

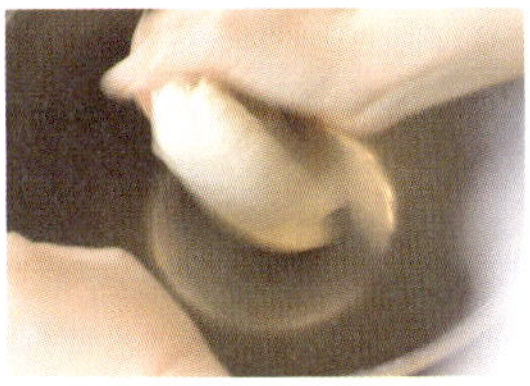
2 ボウルの内壁を利用して、生地を押しつけながらこねる

3 表面はぼそぼそしているがミキシングはこの程度で終了

4 ビニール袋をかぶせ室温で40分ほど1次発酵

5 1㎝ほどの厚みにしラップに包んで冷蔵庫で休ませる

6 450g包装のバターを5㎜厚さで4枚切れば約100g

7 粉を加えるのはバターの伸びを助け、割れにくくするため

8 ラップの上から麺棒でたたいたり重ねたりを何度か繰り返す

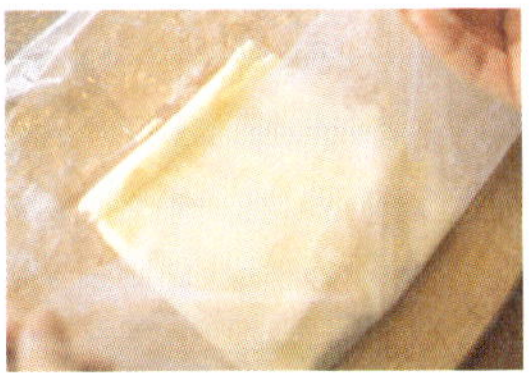
9 バターと粉がなじんだら、ラップを13㎝四方に折りなおす

10 バターの形をととのえ、冷蔵庫で使うまで冷やしておく

11 生地を20㎝四方に伸ばし、冷えたバターをのせる

12 はみ出さないように生地できっちりバターを包む

13 麺棒でぎゅっぎゅっと押さえ、生地とバターを密着させる

14 生地を30㎝長さに伸ばす

15 1回目の3つ折りをする

16 ラップに包む

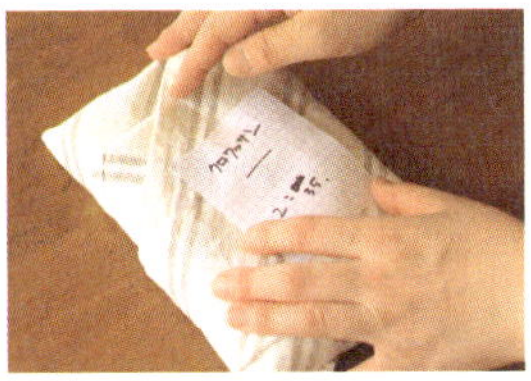
17 クロスに包んで時間を書いたメモを貼り、冷凍庫へ入れる

18 2回目の3つ折り。まずは麺棒でまんべんなく押さえて

19 40㎝に伸ばす。このあと、3つ折り、冷凍庫でねかせる

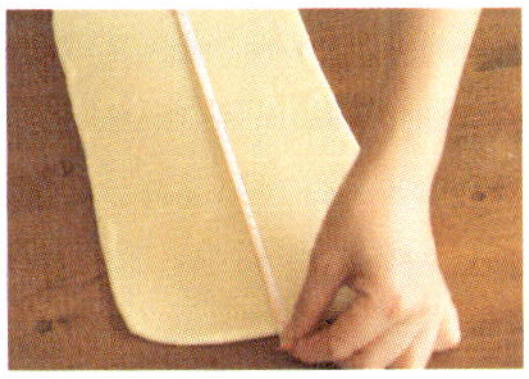
20 3回目の3つ折り後、生地を休ませ45×16㎝に

21 型紙をあてながら、よく切れる包丁で三角形を切りとる

22 底辺に小さく切りこみを入れる

23 気持ち外側にむかうように巻き始める

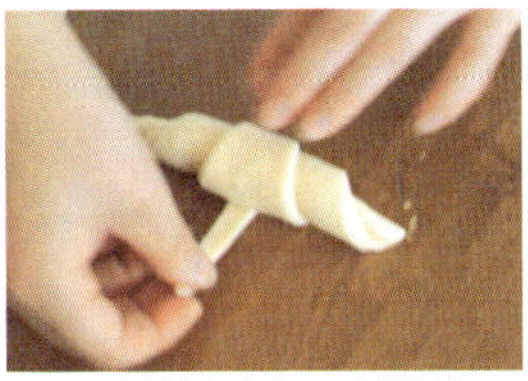
24 最後は生地をひっぱりぎみにして巻き終える

25 天板に並べ、30℃くらいで最終発酵

26 1.5倍にふくらんだら200℃のオーブンで焼成

作り方

1　クロワッサンの要領で生地を作り、室温で1次発酵後、冷蔵庫で2時間からひと晩休ませる。

2　折りこみ用バターは粉をまぶし、ラップに包み麺棒でたたいて10cm四方にととのえ、冷蔵庫で冷やす。厚紙で型紙を作る。

3　15cm四方に伸ばした生地でバターを包み、よく押さえてなじませる。

4　1回目の3つ折りをする。麺棒を生地の真ん中から上、下と転がして30cm長さに伸ばし3つ折り。ラップ、クロスで包み、冷凍庫で30分休ませる。

5　2回目の3つ折りをする。90度向きをかえて30cm長さに伸ばし、3つ折り。ラップ、クロスで包み、冷凍庫で30分休ませる。

6　3回目の3つ折りをする。90度向きをかえて30cm長さに伸ばし、3つ折り。ラップ、クロスで包み、冷凍庫で30分休ませる。

7　生地を35×11cmに伸ばす。型紙をあてながら、よく切れる包丁で9枚の三角形に切りわける。

8　底辺に小さく切り目を入れる。巻きはじめは気持ち外側にむけるように。そのあと、まっすぐすすめて、最後は生地をひっぱりぎみにして巻き終える。半端の小さな三角形の生地は2枚合わせてひとつのミニクロワッサンにしてもいいし、適当にねじったり、巻いてもいい。

9　天板に並べ、30℃くらいで最終発酵。1.5倍にふくらんだらオーブンで焼く。

10　焼きあがったら1枚の天板にまとめて、熱いうちにメープルシロップを刷毛でたっぷり塗る。

材　料	配合(%)	9個	メモ
リスドォル	100	100g	
きび砂糖	5	5g	
天然塩	1.5	1.5g	
サラダ油	2	2g	
インスタントドライイースト	1.5	1.5g	
牛乳	30	30g	
水	25	25g	
(折りこみ用)			
バター	50	50g	
薄力粉	5	5g	
(仕上げ用)			
メープルシロップ		適宜	

リスドォル（フランスパン専用粉）がないときは強力粉80%薄力粉20%で。

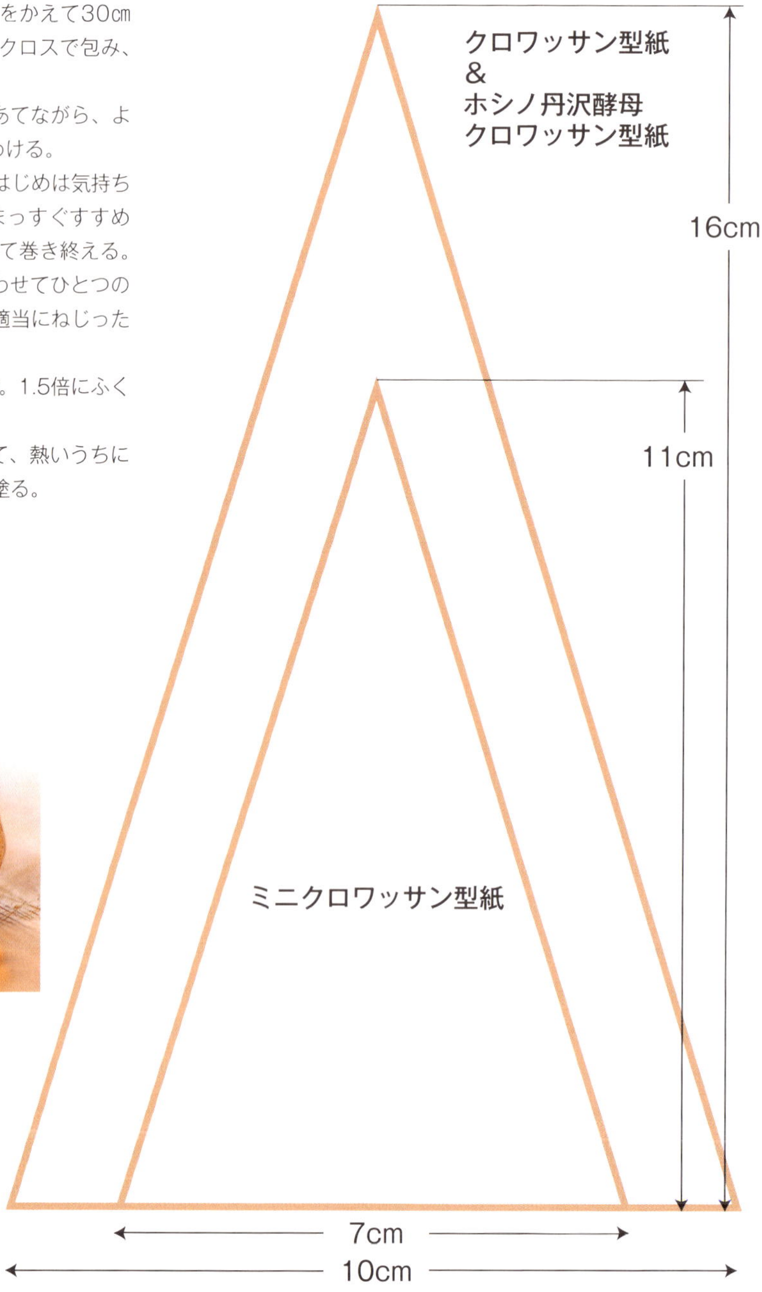

バリエ　ベーコン巻き

材料・作り方

成形時にベーコンを少量巻きこみます(仕上げのシロップは塗りません)。スナックやしゃれたオードブルとして。アンチョビでも。

メープル風味の ミニクロワッサン

焼きあがりにメープルシロップを塗って甘く仕上げました。
いくつでも食べられそうな軽さです。
クロワッサンの半量の材料なので、伸ばすサイズも小さく、
麺棒をかけるのもラク。シロップを塗らず、
ベーコンやハムを巻けばオードブルにもぴったりです。

- ミキシング……8分
- 1次発酵（室温）……30分
- 冷蔵庫で休ませる……2時間～ひと晩
- 3つ折り……3回（30分ずつ休ませながら）
- 最終発酵……50～60分
- 焼成……200℃8～10分

ミニクロワッサン作りの タイムスケジュール例

時刻	
8:00	計量、ミキシング
	室温で1次発酵　30分 この間にバターの準備
9:00	冷蔵庫で休ませる （休ませる時間は 2時間～ひと晩の範囲で）
10:00	
11:00	生地でバターを包む・3つ折り＊1回目
	冷凍庫で30分休ませる
	3つ折り＊2回目
12:00	冷凍庫で30分休ませる
	3つ折り＊3回目
	冷凍庫で30分休ませる
13:00	伸ばし、分割、成形
	最終発酵　50～60分
14:00	
	焼成　8～10分
15:00	

1 3回3つ折りをすませた生地を35×11㎝に伸ばす

2 型紙をあてながら、よく切れる包丁で三角形に切りわける

3 底辺に切りこみを入れ、外側にむけるように巻き始める

4 生地をひっぱりぎみにして巻き終える

5 天板に並べ、30℃くらいで1.5倍になるまで最終発酵

6 焼きあがったら1枚の天板に寄せてシロップをたっぷり塗る

大きさの比較

スケールをおいて背比べをしてみました。クロワッサンは15㎝、ミニクロワッサンは9㎝程度に焼きあがります。

パン・オ・ショコラ

クロワッサン・
オ・ザマンド

パン・オ・ショコラ&クロワッサン・オ・ザマンド

パン・オ・ショコラはチョコレートを、クロワッサン・オ・ザマンドは
アーモンドクリームを包んで焼きあげます。カフェオレをいれて召しあがれ。

- ミキシング……10分
- 1次発酵(室温)……40分
- 冷蔵庫で休ませる……2時間～ひと晩
- 3つ折り……3回(30分ずつ休ませながら)
- 最終発酵……60分
- 焼成……200℃10～12分

共通生地

1 3つ折りを3回終えたクロワッサン生地を40×19cmに伸ばす。
2 両側の長い辺を5mm幅で切り落とす。ここは輪になっているので、層を開放してやることでバランスよくふくらむ。
3 9×10cmの8枚の四角形に生地を切りわける。

1 3回3つ折りを終えた生地を40×19cmに伸ばす

2 長い辺を5mm幅で切り落とす

3 よく切れる包丁で9×10cmの四角形8枚に切りわける

パン・オ・ショコラの場合

材 料(8個)

専用チョコレート8枚、
好みで仕上げにチョコレート、粉砂糖適宜

1 切りわけた生地にチョコレートを巻き、天板に並べる。
2 1.5倍になるまで最終発酵し、斜めにクープを3本入れる。
3 オーブンで焼く。そのまま食べてもよいし、粗熱がとれてから、溶かしたチョコレートを斜めに絞り出し粉砂糖で仕上げてもよい。

1 手前にチョコレートをおき、パタンパタンと2回折る

2 層がふっくらとふくらめば最終発酵終了の目安

3 斜めにクープを3本入れる

専用チョコレート

58×37×5mmの焼成用のミルクチョコレート。クオカで。基本のリッチ、リーン生地でくるめばおいしいチョコパンに。普通の板チョコレートで代用しても。

クロワッサン・オ・ザマンドの場合

材 料(8個)

材 料	
バター	60g
グラニュー糖	60g
全卵	60g
アーモンドプードル	60g
薄力粉	20g
ラム酒	小さじ1
アーモンドスライス	適宜

アーモンドクリームの作り方
クリーム状にしたバターにそのほかの材料を書いてある順に丁寧に混ぜ合わせていく。

1 1個あたりアーモンドクリームを大さじ1強のせて巻きカップ(四角形のお弁当おかず用を使用)にのせる。
2 1.5倍になるまで最終発酵。残りのアーモンドクリームを均等に絞り出し、アーモンドスライスをのせる。
3 オーブンで焼く。

1 手前にクリームをおき、パタンパタンと2回折る

2 耐熱性のお弁当用カップ(四角)に入れる

3 最終発酵後、クリームを絞りアーモンドスライスをのせる

*パン・オ・ショコラとクロワッサン・オ・ザマンドは、半分ずつ(4個+4個)作ってもよい。その場合、残ったアーモンドクリームは冷蔵庫で3～4日保存できる。または最初から、クリームを½量で作る。
*切り落とした生地は、ねじりながらうずまきにまとめて。

ホシノ丹沢酵母のクロワッサン

**折り込みバターを控え、
生地の旨味をいかしたもっちりした食感は、
イースト生地のクロワッサンとは
まったく違うおいしさです。
ベースの生地の配合は、
p34のベーグル生地と同じです。**

材　料	配合(%)	8個	メモ
はるゆたか	100	200g	
きび砂糖	2.5	5g	
天然塩	1.5	3g	
ホシノ丹沢酵母生種	5	10g	
水	45	90g	
(折りこみ用)			
バター	30	60g	
はるゆたか	3	6g	

●ミキシング……15分
●1次発酵（室温）……8～12時間
●冷蔵庫で休ませる……2時間
●3つ折り……3回（30分ずつ休ませながら）
●最終発酵……60～90分
●焼成……200℃10～12分
注・この生地は1次発酵を十分にとる。

作り方

1 生地は、p34のホシノ丹沢酵母ベーグルと、1次発酵終了まで同様に。厚さ1cmほどに伸ばしてラップで包み冷蔵庫で2時間休ませる（1次発酵にたっぷり時間をかけているので、冷蔵庫で休ませる時間は2時間を限度とする。目的は生地温度を下げること）。厚紙で型紙を作る（サイズはp78参照）。
2 折りこみ用バターに粉をまぶし、ラップに包み麺棒でたたいて13cm四方にととのえ、冷蔵庫で冷やす。
3 休ませた生地を20cm四方に伸ばしバターを折りこむ。要領はイーストのクロワッサンと同じ。
4 3回3つ折りをして休ませた生地を45×16cmに伸ばす。型紙をあてて三角形を8枚切りとる。
5 底辺の方からぱたんぱたんと折りたたむようにゆったり巻く。
6 天板に並べ、30℃くらいで最終発酵。1.5倍になったらオーブンで焼く。

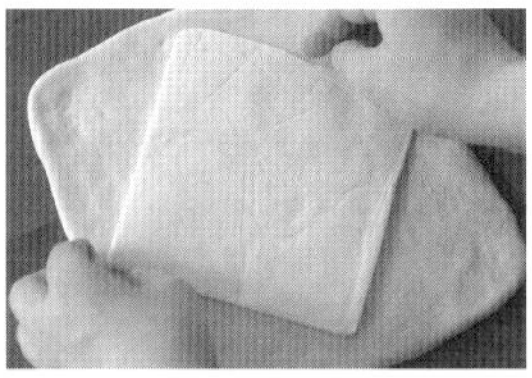

1 20cm四方の生地に13cm四方のバターをのせて包む

2 45×16cmに伸ばし型紙をあててカットする

3 切りこみは入れず、折るように幅広に巻いていく

4 最後も生地をひっぱったりせずゆったりと

5 巻き終わりが下になるように天板にのせ最終発酵

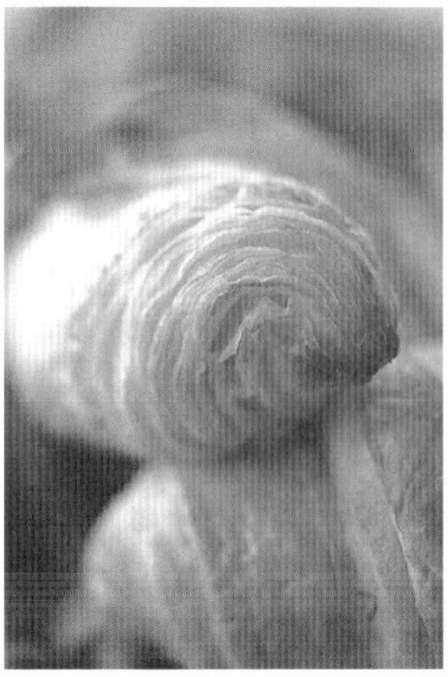

ざっくりもっちり。バターが控えめなぶん、酵母と粉の味わいが豊か

column 8

クロワッサンあれこれ・2

●クロワッサンが層状にふくらむ秘密

クロワッサンなどの折りこみ生地は、3つ折りを3回繰り返します。すると生地とバターは、28層のとても薄い層になります。これを焼くとバターの層が溶け、そのとき発生する水蒸気が、薄い生地をふわりと持ちあげるため、繊細な層が生まれます。バターは上下の生地に吸収され、芳香と旨味をもたらします。

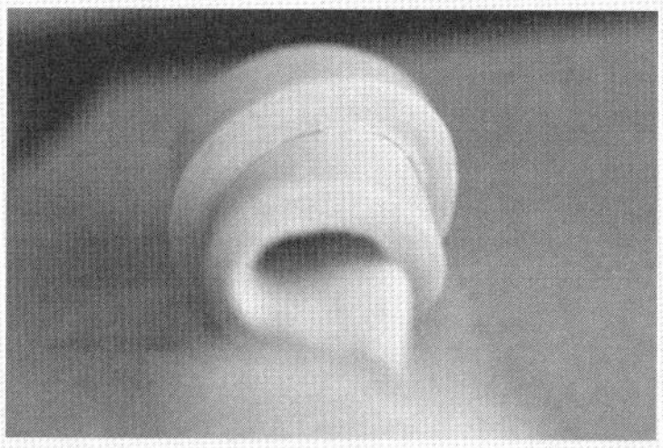

●冷凍庫にスペースを

折りこみ生地は、何度か冷凍庫で冷やしながら作業をすすめます。あらかじめ庫内を整理して、生地を入れるスペースを確保しておきましょう。わが家の冷凍庫は秋から春にかけてはクロワッサン用の小引き出しがあり、いつでも生地を休ませることができるようになっています。

●クロスに折りこみ回数のメモを

冷凍庫に入れる際、冷気を和らげるために、生地をクロスに包みます。わたしは木綿や麻のクロスを使います。うっかり忘れ防止に、何回折ったか、何時に次の作業かをメモして貼りつけておきます。

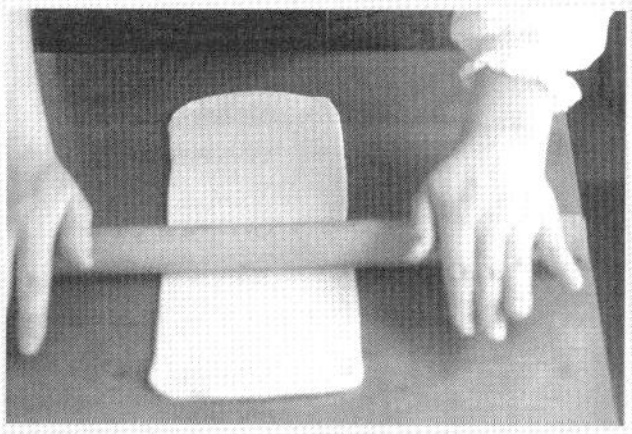
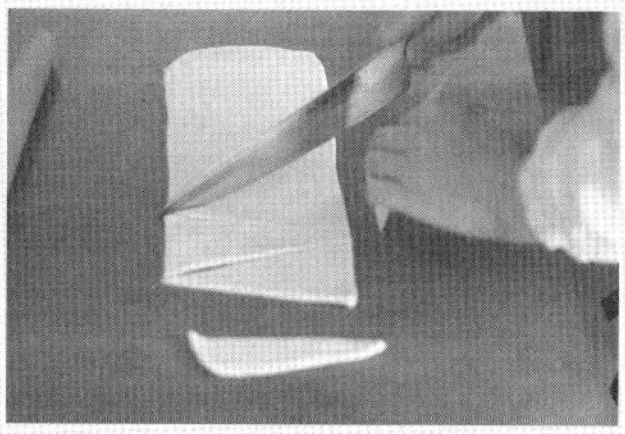

●テーブルの使い方

普段はキッチンの調理台でパンを作ることも多いのですが、折りこみ生地のときは、ダイニングテーブルをきれいにふいて利用します。調理台より低いので上方向からの力をかけやすく、生地を伸ばしやすいことと、自分の立ち位置を変えられるので、とても作業効率がよいのです。例えば、テーブルの端で成形前の伸ばしを行い、生地はそのままで90度自分が立ち位置を変えると、縦方向だった生地が横方向になるのでカットがしやすいわけです。
折りこみ生地は麺棒を動かす範囲、生地を伸ばしたときの長さを考慮して、作業スペースを決めることが大事です。

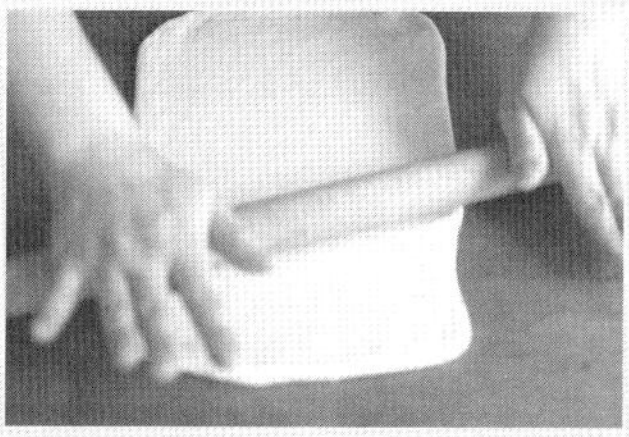
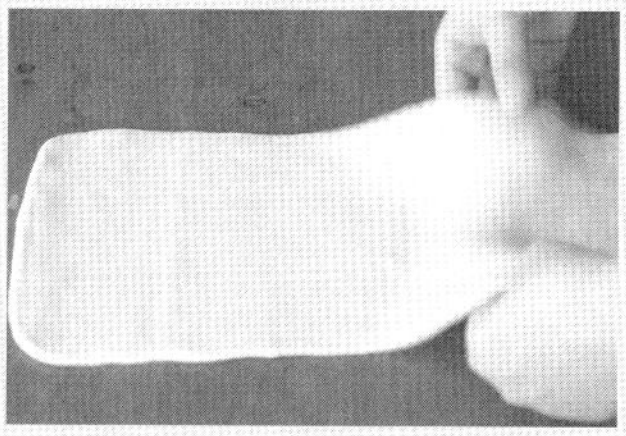

●生地伸ばしのテクニック

生地を伸ばしていると、左右の線がくびれたようにカーブになる場合があります。このときは、両手を生地の下側に差し入れ、軽く左右に引き出すようにします。また、伸ばすだけでなく、時々生地を台から浮かせるように持ちあげて余裕をもたせると、縮みが少なくなります。上下の線が丸みを帯びて4つの角がきれいにでないときは、角にむかって生地をおくり出すように麺棒を使います。生地はできるだけ長方形にととのえたほうがきっちりと3つ折りにでき、層が均等になります。

●包丁はよく切れるものを

生地をカットするときは、よく切れる包丁を使い、かための生地をさくっと切りましょう。切り口がシャープで断面に幾重もの層が見えれば成功です。ほかのパンはカードで分割しますが、折りこみ生地では禁物です。せっかくの層をつぶしてしまい、きれいにふくらみません。

くるみバター
St.Cousair

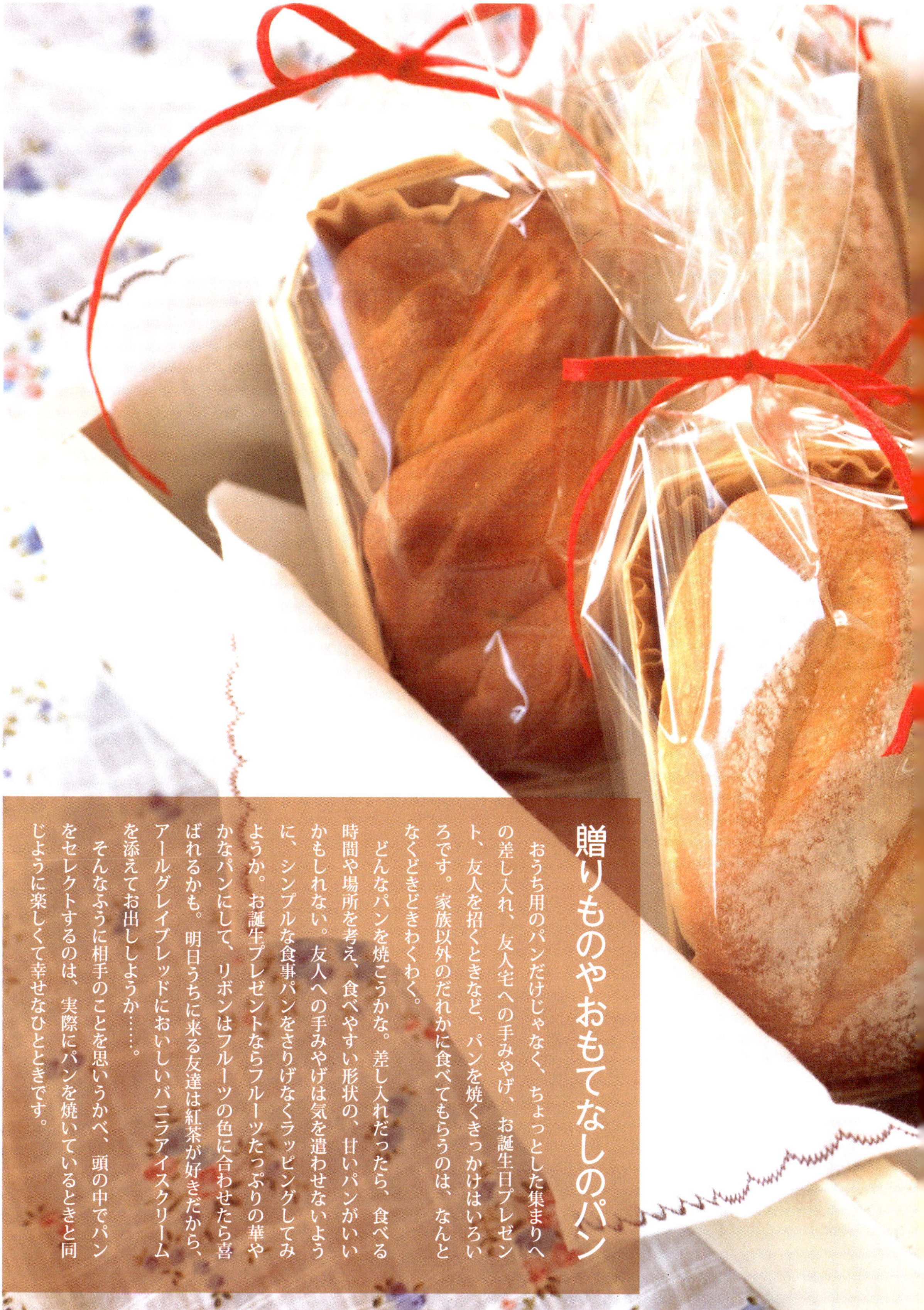

贈りものやおもてなしのパン

おうち用のパンだけじゃなく、ちょっとした集まりへの差し入れ、友人宅への手みやげ、お誕生日プレゼント、友人を招くときなど、パンを焼くきっかけはいろいろです。家族以外のだれかに食べてもらうのは、なんとなくどきどきわくわく。

どんなパンを焼こうかな。差し入れだったら、食べる時間や場所を考え、食べやすい形状の、甘いパンがいいかもしれない。友人への手みやげは気を遣わせないように、シンプルな食事パンをさりげなくラッピングしてみようか。お誕生日プレゼントならフルーツたっぷりの華やかなパンにして、リボンはフルーツの色に合わせたら喜ばれるかも。明日うちに来る友達は紅茶が好きだから、アールグレイブレッドにおいしいバニラアイスクリームを添えてお出ししようか……。

そんなふうに相手のことを思いうかべ、頭の中でパンをセレクトするのは、実際にパンを焼いているときと同じように楽しくて幸せなひとときです。

4個のミニ食パン

基本のリッチ生地で、かわいい4個のミニ食パンを
作りました。
お気に入りのスプレッドとかごに詰め合わせて、
贈りましょう。

ミニ食パンの型 ○

ここではp71と同サイズのパニムールを使いましたが、ミニ食パン型で焼いても。
型1個につき基本のリッチ、リーン生地を4分割した生地量がぴったりです。
サイズは100×55×50㎜

材料・作り方

基本のリッチ生地（p20）を1次発酵後4分割し、
手順よく4種の成形をして最終発酵、
180℃で15分、きつね色に焼きあげます。

三つ山

生地を3分割し、それぞれ表面を張らせるように丸め、型に入れる。

バタートップ

生地を丸く伸ばし、手前から巻き、型に入れる。最終発酵後、軽く粉をふり、クープを中央に1本入れる。クープに有塩バターを少量のせる。

ツイスト

生地を10㎝四方に伸ばし、バターを薄く塗り、手前から巻く。p91のアールグレイブレッドを参照して生地をカット、ねじり合わせ型に入れる。

チーズブレッド

生地を丸く伸ばし、プロセスチーズ20ｇをさいの目に切ったものを散らして、手前から巻き型に入れる。最終発酵後、軽く粉をふり、クープを斜めに2本入れる。

column 9

贈るパン、おもてなしのパン試作日記

このあと紹介する「オレンジブレッド」「アールグレイブレッド」「果実のパン」はどれもおもてなしや贈りものにぴったりの華やかさを持ち、一見お菓子のようでもあるけれど、やっぱりパンであると胸を張って主張している、そんなパンばかりです。ここでは、これらのパンの試作日記の一部を紹介しましょう。

～オレンジブレッド試作日記～

某月某日：夏。さっぱりとして、冷やしてもおいしいパンを食べたい。そういう発想から、ざっと配合を組み立てる。明るい黄色がほしかったので、100%オレンジジュースで仕込むことを決定。次に「冷やしてもおいしい」＝「生地が老化しにくい」生地にするためにバターの配合を多くし、さらに天然の乳化剤でもある卵黄を加えることに。卵黄は2個。生地の黄色の補強にもなるだろう。

某月某日：1回目の試作。冷やしてみる。食感も合格。しかしなにかインパクトが足りない。オレンジの風味も中途半端。ジュースのみでは仕方ないか。オレンジ風味をアップするためにオレンジピールを加えてみよう。視覚的なインパクトとして黄色の反対色でもあるブルーポピーシードをまんべんなく散らしてはどうか？

某月某日：2回目の試作。オレンジピールは砂のように細かく刻んで入れた。あえて主張をさけ、生地に同化させる。一見入っているとわからないが食べてみればはっきりとオレンジ風味を感じられた。生地の黄色も一段濃く見える。ポピーシードもよい効果がえられた。

某月某日：水分量を作りやすくととのえる。もしやと加えたほんのひとつまみのシナモンが、香りをいっそう甘くひきたたせることを確認。成形はパウンドケーキをイメージさせるワンローフに決定。

～アールグレイブレッド試作日記～

某月某日：オレンジブレッドの食感がよかったのでバリエーションを作りたい。それなら「紅茶、アールグレイ！」と方針はすぐに決まる。水分は濃いミルクティー。粉はスーパーカメリヤ。あらかじめティーバッグの茶葉を1袋か2袋加えよう。多めのバターの風味が紅茶の風味を阻害しないか？　やってみてからかな。配合組み立てて、まずは試作にとりかかる。

某月某日：1回でほぼ考えていたとおりのパンになった。仕込み用の紅茶液（ミルクティー）を簡潔に作る方法を考えよう。使いやすいレシピでなくてはならない。ミキシング時の生地、現段階ではかなりやわらかめ。このまま出せば間違いなく「こねにくい」とクレームきそう。やわらかめのほうがおいしいとは思うけど、作りやすさを優先すればやっぱりここは調整しよう。成形はオレンジブレッドと同シリーズということでパウンド型。伸ばした生地にバターを塗って巻いて切ってねじることで、ほろほろほぐれる感じと、華やかさを出す。

某月某日：何度目かの試作。おおむねできあがり、ちょっとした部分の確認のみいくつか。大前提の「冷やしてもおいしい」はクリア。パサつきなく、軽やかな食感。ナイフがなめらかに入り気持ちいい。冷蔵庫に入れたパンにありがちなもそもそ感はない。バター、卵黄、ありがとう！　ふと思いついて焼きあがりに刷毛でラム酒を薄く塗る。香りがいっそうよくなる。バニラアイスクリームを添えてみる。美味。色合い、香りもよく、女性に喜ばれそうなパンに仕上がった。

～果実のパン試作日記～

某月某日：ある本と出会う。『日々のくらし、日々のはな』（著者・並木容子さん　出版・アノニマスタジオ）色とりどりの葉っぱをつないだ「紅葉のカーテン」美しい。目が離せない。イメージがわいてくる。こんなパンが作れたら……。

某月某日：紙と鉛筆と頭でイメージのまま配合を書き出してみる。ドライフルーツの色をいかして漬けこむにはダークなラムではなく透明なコアントロー？個々の色もはっきりしたほうがよいので、漬けこみ時間もフルーツがしっとり戻ったくらいの1～3日程度でいい。試作1回目。フルーツの量はいいが色合いがさみしい？　生地はフルーツの重みがやや負担になっているようだ。ゴールデンヨット（＊）の割合を上げる方向。

某月某日：秋色のポイントは赤。クランベリーを多めにしよう。フルーツの重みに負けず立ちあがりのよい生地にするため、最強力粉7割で。ローストしたくるみを加える。こりっとした食感がアクセントに。生地にフルーツが存分に散らばったところを見たいので、型は1斤型で。断面が楽しみ。試作は続く。

某月某日：完成。「果実のパン」と名づける。1冊の本とのめぐり合わせに感謝。またひとつ大事なレシピができた。

（＊）ゴールデンヨット（最強力粉）p16参照

ティースタンドにのせて
ティータイムを楽しんだり、
アイスを添えておやつにしたり

アールグレイブレッド
オレンジブレッド

どちらもパンなのに冷やして食べてもおいしい。
その秘密は老化しにくい配合にあります。
ケーキのようにスライスして、ティータイムにどうぞ。
わたしはアールグレブレッドで作るパンプディングが大好きで、
そのために焼きたくなることもあるくらいです。

オレンジブレッド

- ●ミキシング……10分
- ●１次発酵……50～60分
- ●最終発酵……20～30分
- ●焼成……180℃20～25分

材　料	配合(%)	パウンド型1台	メモ
スーパーカメリヤ	100	200g	
上白糖	10	20g	
天然塩	1.5	3g	
ブルーポピーシード	4	8g	
シナモンパウダー	―	ひとつまみ	
バター	25	50g	
インスタントドライイースト	1.5	3g	
100%オレンジジュース	45	90g	
卵黄	20	40g	Lサイズ2個分
オレンジピール	10	20g	
(型用)			
ショートニング		適宜	

準備　オレンジピールを微細に刻んでおく。

作り方

1 ボウルに、粉、上白糖、天然塩、シナモンパウダー、ブルーポピーシードを入れ、全体を合わせる。

2 中央をくぼませ、人肌にあたためたオレンジジュースを注ぎ、イーストをふり入れなじませる。卵黄も加え、周囲の粉となじませたらやわらかいバターを加え、全体をひとつにまとめる。

3 台に出し、つやがでて、なめらかになるまでこねる。

4 生地を広げ、オレンジピールをすりこむように加え、全体にゆきわたるよう、しっかりこねる。

5 丸めてボウルに戻し、ビニール袋をかぶせ、あたたかいところで2倍にふくらむまで1次発酵。

6 発酵のときの表面が下になるように台に出し、麺棒で直径18cmの円に伸ばす。手前からゆったりと巻き、巻き終わりを下にして、型におさめる。

7 かたく絞ったふきんをかけ、生地が型の端から1cmでるまで、あたたかいところで最終発酵。

8 オーブンで焼く。

1 粉類にオレンジジュースを注ぎ、イースト、バターも加える

2 ひとつにまとめたら台に出して、しっかりこねる

3 打ち粉を使うときは指に軽くつけて生地の上で払う感じ

4 生地を広げ、刻んだオレンジピールをすりこむ

5 オレンジピールがゆきわたったら、きれいに丸めて1次発酵へ

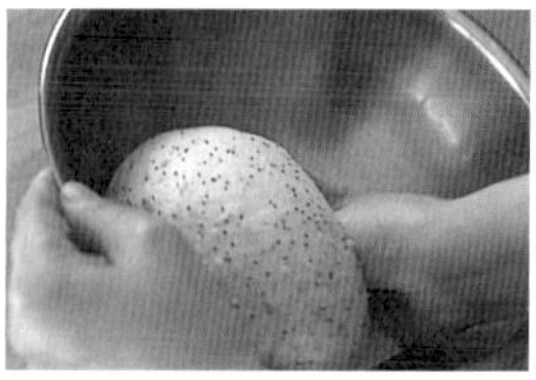

6 2倍にふくらんだら生地を取り出す

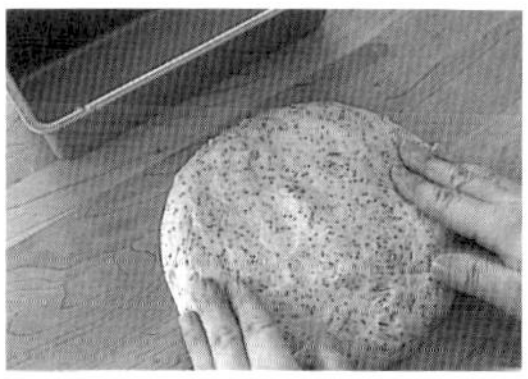

7 型の長さに合わせて生地を丸く伸ばす

8 手前からゆったり巻いていく。このあと、型におさめ最終発酵

9 生地が型の端から1cmほどでたら最終発酵終了。焼成へ

アールグレイブレッド

- ミキシング……10分
- 1次発酵……50～60分
- 最終発酵……20～30分
- 焼成……180℃20～25分

材　料	配合(%)	パウンド型1台	メモ
スーパーカメリヤ	100	200g	
きび砂糖	15	30g	
天然塩	1.5	3g	
アールグレイティーバッグ（混ぜこみ用）	2	4g	ティーバッグ2袋
バター	25	50g	
インスタントドライイースト	1.5	3g	
熱湯	25	50g	
アールグレイティーバッグ（紅茶液抽出用）	1	2g	ティーバッグ1袋
牛乳	25	50g	
卵黄	20	40g	Lサイズ2個分
（成形時塗布用）			
バター	5	10g	
グラニュー糖	5	10g	
（型用）			
ショートニング		適宜	

作り方

1 計量カップに抽出用のティーバッグを入れ、熱湯を計量しながら加え、そのまましばらくおく。この間にほかの材料を計量すると能率がよい。しっかりティーバッグを絞り、濃い紅茶液をとる。再びカップごとデジタル秤にのせ、冷たい牛乳をはかり入れる。熱い紅茶に冷たい牛乳が加わり、ちょうど人肌くらいになる。

2 ボウルに、粉、きび砂糖、天然塩、混ぜこみ用ティーバッグの茶葉を入れ、全体を合わせる。

3 2のボウルの中央をくぼませ、1の紅茶液を注ぎ、イーストをふり入れなじませる。卵黄も加え、周囲の粉となじませたらやわらかいバターを加え、全体をひとつにまとめる。

4 台に出し、なめらかになり、つやがでるまでしっかりとこねる。

5 丸めてボウルに戻し、ビニール袋をかぶせ、あたたかいところで2倍にふくらむまで1次発酵。

6 発酵のときの表面が下になるように台に出し、25㎝四方に伸ばす。やわらかくしておいた塗布用のバターを向こう2㎝残して塗り、グラニュー糖をふる。

7 手前から巻き、最後はしっかり閉じる。巻き終わりを下にして、一方の端を残したままカードで縦に2分割し、断面を上にむける。2本をねじり合わせ、型におさめる。

8 かたく絞ったふきんをかけ、生地が型の端から1㎝でるまで、あたたかいところで最終発酵。

9 オーブンで焼く。焼きあがったら型から出し、好みで全体にラム酒（分量外）を刷毛で薄く塗る。

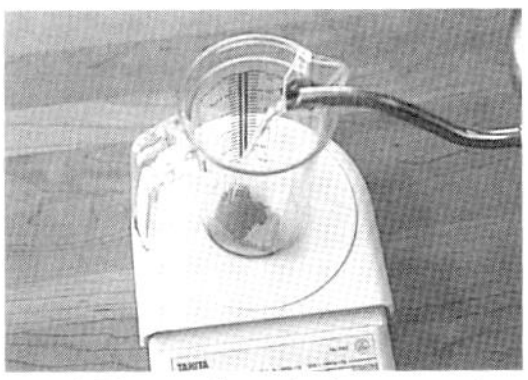
1 計量カップに入れたティーバッグに、熱湯をはかりながら注ぐ

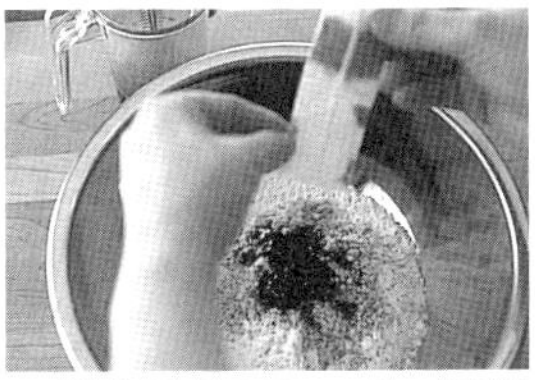
2 混ぜこみ用のティーバッグを開封し、茶葉を粉類に混ぜる

3 粉の中央に紅茶液を注ぎ、イーストをふり入れなじませる

4 生地の大きさが2倍になったら1次発酵は終了

5 発酵のときの表面を下になるように台に出す

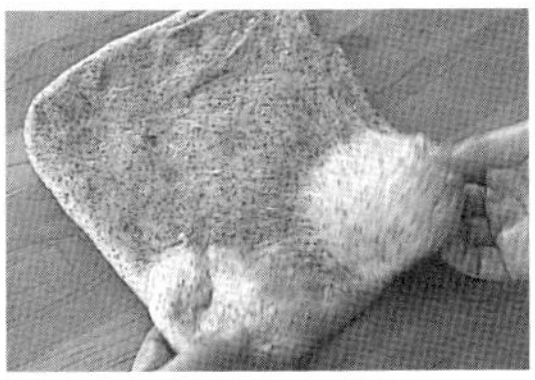
6 25㎝四方にする。角ができないときは手でそっと引き出す

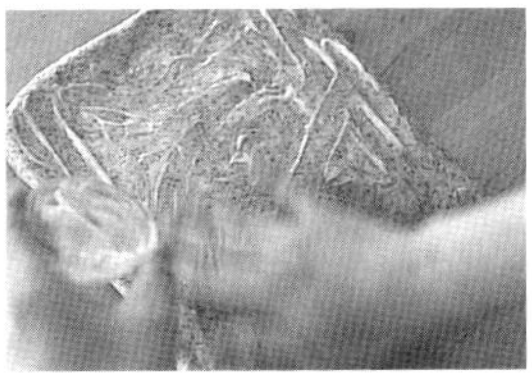
7 やわらかくしたバターを指で塗りグラニュー糖をふる

8 手前から巻き、巻き終わりはしっかり閉じる

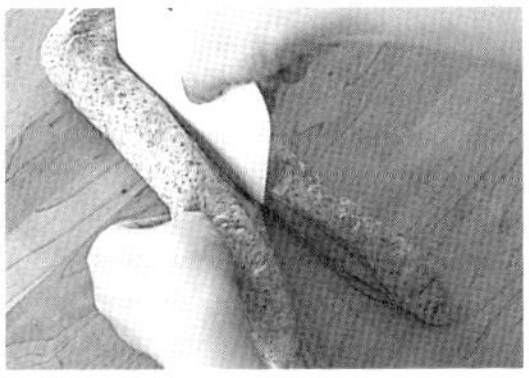
9 一方の端を残してカードで縦に2分割する

10 断面を上にむけてゆったりとねじり合わせる

11 生地が型の端から1㎝ほどでたら最終発酵終了。焼成へ

果実のパン

しっとりくちどけのいい生地と
ジューシーなフルーツのバランスを考えました。
ちょっとした手みやげに喜ばれそう。
2日目までならスライスしてそのままで。
もちろんバターやマスカルポーネを添えても
おいしくいただけます。
かたくなり始めたらきつね色にトーストして
有塩バターをたっぷりのせても。

- ミキシング……15分
- 1次発酵……50～60分
- 最終発酵……30～40分
- 焼成……180℃30～35分

材料	配合(%)	1斤	メモ
ゴールデンヨット	70	175g	
リスドォル	30	75g	
上白糖	10	25g	
天然塩	1.5	4g	
バター	10	25g	
インスタントドライイースト	1.5	4g	
牛乳	65	163g	
卵黄	8	20g	Lサイズ1個分
くるみ	6	15g	
フルーツビッツ	28	70g	
クランベリー	24	60g	
オレンジピール	12	30g	
コアントロー	6	15g	
(型用)			
ショートニング		適宜	

準備 フルーツ類を密閉容器に入れ、コアントローをふりかけて、ひと晩ねかせる。くるみは180℃のオーブンで3分ローストし、粗く砕く。

作り方

1. ボウルに、粉、上白糖、天然塩を入れ、全体を合わせる。
2. 中央をくぼませ、人肌にあたためた牛乳を注ぎ、イーストをふり入れなじませる。
   卵黄も加え、周囲の粉となじませたらやわらかいバターを加え、全体をひとつにまとめる。
3. 台に出し、つやがでて、なめらかになるまでこねる。
4. 生地を広げ、フルーツ、くるみを加え、全体にゆきわたるよう、しっかりこねる。
5. 丸めてボウルに戻し、ビニール袋をかぶせ、あたたかいところで2倍にふくらむまで1次発酵。
6. 発酵のときの表面が下になるように台に出し、麺棒で直径20㎝の円に伸ばす。
   手前からゆったりと巻き、巻き終わりを下にして、型におさめる。
7. かたく絞ったふきんをかけ、生地が型の端から1㎝でるまで、あたたかいところで最終発酵。
8. オーブンで焼く。

ちょっとした集まりの差し入れにもぴったりです

1 材料をそろえる。種類が多いのではかり忘れがないように

2 こねあがった生地を広げ、フルーツを加える

3 ベタつくときはカードをうまく使ってまとめていく

4 だんだんフルーツがなじみ、なめらかにまとまってくる

5 きれいに丸めてボウルに戻し、1次発酵

6 大きさが2倍になったら1次発酵終了

7 型の長さに合わせて生地を円にのばし、手前から巻く

8 巻き終わりを下にして1斤型におさめる

9 生地が型の端から1㎝ほどでたら最終発酵終了。焼成へ

ドライフルーツ

ドライフルーツは密閉容器に入れ、コアントローをふりかけて1～3日漬けこみます。芯までコアントローを染みこませることで、芳醇な味わいになり、パン生地の水分も奪わないので、しっとりしたパンになります。

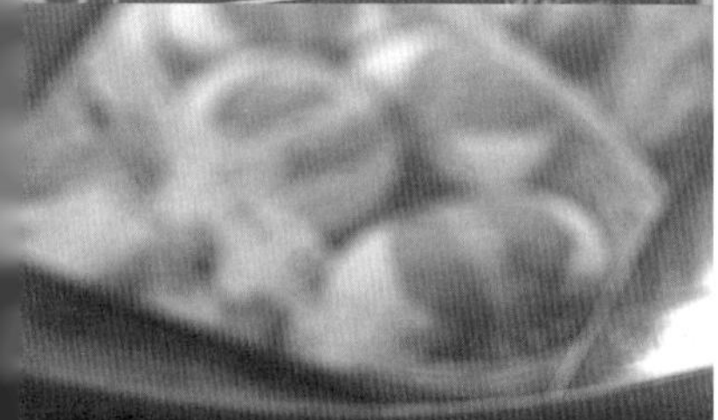

epilogue

レシピを紹介する立場で、こんなことを書くのはもしかしたら矛盾しているかもしれませんが、5種類くらいこころゆくまで満足できるパンが焼ければ、わたしは一生豊かに暮らせそうな気がしています。実際、わたし自身が普段焼くパンもとても限られたものです。
日々、焼くものがしぼられてくると、材料の管理もラクだし、空間も時間もきれいに使えます。それはとても心地いいものです。
手元に残ったそれらのレシピは、とても大切なもの。レシピの数字や文字にはあらわしようのない、手間と気持ちを生地にこめて焼きあげます。「いとおしい」そういう気持ちです。
小学生のころからパンを焼きはじめ、焼き続けていく中で「家でパンを焼く意味」を自分なりに見つめ、たどりついた答えです。
パンを焼く意味合いも、目指すものも人それぞれ。さあ、あなたは、どうしてパンを焼くのでしょうか？ その気持ちに合った、パンとの付き合いを、どうぞ楽しく続けてくださいね。
最後になりましたが、編集の北浦さん、カメラマンの奥谷さん、名古屋まで何度もお越しいただきありがとうございました。

また、このたび、重版のお話をいただき、心から感謝しています。初版から、9年の月日は流れましたが、パン作りの基本は変わりません。この本が、これからおうちパン作りを始めるみなさまのお役に立ちますよう、祈っております。

2016年夏　門間みか

門間みか
1966年、宮城県仙台市生まれ。
管理栄養士。おうちパンを伝え続けて20年余り。
リッチとリーンの基本生地から発展する
シンプルなレシピとわかりやすい理論が
支持を集める。Instagramのフォロワー急増中。
近著に『ぱん工房くーぷ×オーヤマくん
リッチとリーンで30日』(明元舎)がある。
Instagramアカウント
@monma_mika

製パン材料協力
cuoca（クオカ） https://www.cuoca.com

撮影　　　奥谷　仁
デザイン　原田暁子
イラスト　斎藤由佳

ほんのりしあわせ。おうちパン
ぱん工房「くーぷ」のBakery Diary

発行日　2007年10月10日　第1刷発行
　　　　2021年 1月30日　第9刷発行

著　者　門間みか

発行者　萱島治子
発行所　株式会社　集英社
　　　　〒101-8050 東京都千代田区一ツ橋2-5-10
　　　　（編集部）　03(3230)6399
電　話　（販売部）　03(3230)6393（書店専用）
　　　　（読者係）　03(3230)6080
印　刷　凸版印刷株式会社
製　本　共同製本株式会社

 ISBN978-4-08-333083-4
定価はカバーに表示してあります。